Auberginen

Auberginen

Rosemary Moon

Der Text dieses Buches entspricht den Regeln der neuen deutschen Rechtschreibung.

Originaltitel: »The Aubergine Cookbook«

Fotos: Iain Bagwell
Übersetzung: Falk Steins, Niedernhausen
Redaktion: René Zey, Frechen/Ralf Labitzky
Satz und Herstellung: Königsdorfer Medienhaus, Frechen

Die Ratschläge in diesem Buch sind von Autorin und Verlag sorgfältig erwogen und geprüft, dennoch kann eine Garantie nicht übernommen werden. Eine Haftung der Autorin bzw. des Verlags und seiner Beauftragten für Personen-, Sach- und Vermögensschäden ist ausgeschlossen.

817 2635 4453 6271

10883X 03 02 01 00

Abkürzungsverzeichnis:

EL = Esslöffel	kg = Kilogramm
TL = Teelöffel	g = Gramm
l = Liter	cm = Zentimeter
ml = Milliliter	mm = Millimeter

Bei der Verwendung von rohen Eiern in einer Zubereitung sollte auf größtmögliche Frische geachtet werden. Vor allem bei einem schwachen Immunsystem und in einer Schwangerschaft sollte auf den Genuss von rohen Eiern möglichst verzichtet werden.

Die Backofentemperaturen beziehen sich auf den Elektroherd mit Ober- und Unterhitze. Wenn Sie mit Umluft arbeiten, reduzieren Sie die Temperatur um 15–20%. Die Backzeit bleibt dann gleich. Die Umrechnung von °C-Angaben auf Temperaturstufen bei Gasherden entnehmen Sie bitte der Beschreibung des Geräteherstellers.

Inhalt

Einführung **6**

Vorspeisen und Salate **15**

Fischgerichte **45**

Fleisch- und Geflügelgerichte **69**

Gemüsegerichte **93**

Saucen und Beilagen **115**

Register **128**

Einführung

Oben: ***Diese köstliche weiße Sorte namens »Ova« macht deutlich, warum die Aubergine auch als »Eierfrucht« bekannt ist.***

Rechts: ***Die violette Sorte »Slim Jim« genießt man am besten in Scheiben geschnitten.***

Die Aubergine zählt zu den beliebtesten mediterranen Gemüsen und immer mehr Freunde der guten Küche experimentieren mit den vielfältigen Verwendungsmöglichkeiten dieser köstlichen Frucht.

Auberginen sind in der Regel von ihrer Form her abgerundet, haben eine glatte Haut von dunkelvioletter bis rosa Farbe und können mehr als ein Pfund schwer sein. Gegrillt, gebacken oder frittiert sind sie der Hauptbestandteil zahlloser Gerichte, aber auch als Beilage oder Nebenzutat können sie ein Gericht zu etwas ganz Besonderem machen. Sie eignen sich auch zum Marinieren, da sie die Aromen von Gewürzen und Kräutern sehr gut aufnehmen. Unwahr ist, dass Auberginengerichte ausnahmslos mit Öl zubereitet werden. So kommen zum Beispiel Gerichte mit gegrillter Aubergine nahezu ohne Fette aus und schmecken dennoch erstaunlich gut. Das Fruchtfleisch nimmt dabei einen gewissen Rauchgeschmack an – ein feines Aroma, das pur genossen werden kann, aber auch die Grundlage für köstliche Dips und Saucen abgibt. Besonders intensiv ist das Aroma, wenn man die Aubergine auf einem Holzkohlengrill gart.

Einführung

Oben: ***Die Sorte »Ping Tung Long« ist in Asiens Küchen sehr beliebt.***
Unten: ***Eine Auswahl von im Gewächshaus gezogenen Auberginensorten.***

Überall zu Hause: die Aubergine

In vielen Länderküchen rund um den Globus spielt die Aubergine eine wichtige Rolle. Besonders bekannt für Gerichte mit Auberginen sind die chinesische, die türkische, die italienische und die thailändische Küche.

China

Viele chinesische Gerichte beinhalten geschmorte Auberginen. Besonders beliebt ist die Frucht bei den Buddhisten, da sie sich streng vegetarisch ernähren. Die meisten Rezepte der »Lo-Han«-Küche, die ihren Ursprung in den Klöstern Chinas und Tibets hat, verwenden Auberginen.

Japan

In Japan werden Auberginen vor allem für »Tempura« verwendet – delikate Fisch- und Gemüsestücke, die in einen leichten Teig getaucht und knusprig goldbraun frittiert werden. Da die Auberginen ebenso schnell gar sein sollen wie die übrigen Zutaten, werden dafür die schmalen, langen Sorten bevorzugt.

Links: *Die »Apple Green« ist eine Versuchszüchtung aus dem Jahr 1997. Die Sorte »Turkish Orange« ähnelt eher einer Tomate.*

Thailand

In der Thai-Küche sind vor allem die langen und schmalen grünen Sorten beliebt, die sich, in Scheiben oder Würfel geschnitten, ideal für Salate eignen. Auch die kleinen, erbsenförmigen Auberginen sind sehr populär; sie werden den Gerichten ganz beigegeben und haben ein attraktives Äußeres; bei uns sind sie nur in speziellen Geschäften erhältlich.

Italien

Die ländliche Küche Italiens kennt unzählige Verwendungen für Auberginen. Einige der berühmtesten Rezepte stammen aus Kalabrien im Süden, das für seine herzhafte und aromatische Küche berühmt ist. In Italien findet man sowohl lange, schmale Sorten als auch rundliche. Sie unterscheiden sich weniger im Geschmack als im Erscheinungsbild und sind daher in den Rezepten weitgehend austauschbar.

Indien

Sowohl die vegetarischen als auch die nicht vegetarischen regionalen Küchen Indiens verwenden Auberginen, vor allem in Hauptgerichten, aber auch in Saucen und Eingemachtem. Da Auberginen sehr leicht Aromen annehmen, sind sie ein wertvoller Bestandteil von Currys, deren Erscheinungsbild oft durch die Zugabe von Chili und Kurkuma (Gelbwurz) geprägt ist.

Oben: *»Short Tom«, eine kleine, dunkelviolette Aubergine, eignet sich für eine Vielzahl von Rezepten.*

Türkei

Unter Auberginenliebhabern besteht Einigkeit darüber, dass die türkische Küche das meiste aus der Frucht macht. Viele Gerichte basieren auf dem Geheimnis von rauchig zartem Auberginenfleisch, das mit Tomaten, Öl und raffinierten Gewürzmischungen kombiniert wird. Die türkische Küche verbindet die Aromenvielfalt der Mittelmeerküche mit der Würzkunst Nordafrikas und des Nahen Ostens.

Oben: ***Die seltene Sorte »Asian Bride« wird meist in Scheiben geschnitten zubereitet.***

Die Geschichte der Aubergine

Sowohl Indien als auch China nehmen für sich in Anspruch, die Heimat der Aubergine zu sein, obwohl sie nirgendwo mehr wild wächst. Vermutlich stammt sie jedoch aus China, da die Aubergine alten Quellen zufolge dort bereits um 500 v. Chr. gewerbsmäßig angebaut wurde.
Ohne Zweifel war sie bereits in ganz Asien verbreitet, bevor die ersten Exemplare im Mittelalter Europa erreichten. Wie so viele »neue« Nahrungsmittel wurde die Aubergine im Westen zunächst mit Argwohn betrachtet und in einigen Regionen sogar als »Sodomsapfel« verteufelt. Da man die Pflanze jahrzehntelang nur als Zierrat hielt, dauerte es lange, bis die Aubergine sich in Europa als Nahrungsmittel durchsetzen konnte.

Sorten

Auberginen gehören (wie auch Kartoffeln, Tomaten und Paprikaschoten) zur Familie der Nachtschattengewächse – ebenso wie die giftige Tollkirsche, was einige der anfänglichen Vorbehalte gegen die Aubergine erklärt. All diese Gewächse enthalten kleine Mengen an Giftstoffen, die sich bei der Aubergine in den Stängeln, Blättern sowie in unreifen Früchten konzentrieren.

Viele Auberginensorten können über ein Pfund schwer werden; in Rezepten werden solche Sorten als »große Auberginen« bezeichnet. Eine mittlere Aubergine bringt etwa 350 Gramm auf die Waage. Die winzigen fingerförmigen und die weißen eiförmigen Auberginen werden als ganze Früchte für Saucen und Eingemachtes verwendet. Die langen, schmalen Thai-Auberginen eignen sich am besten für die fernöstliche Küche, vor allem wenn sie in Scheiben geschnitten und mit anderem Gemüse in der Pfanne angebraten werden.

Da sich dieses Buch an Leser wendet, die vorwiegend in Supermärkten einkaufen, können alle Rezepte mit den handelsüblichen rundlich ovalen, violetten Auberginen zubereitet werden. Allerdings findet man auch in Supermärkten immer öfter neue Sorten, etwa runde Auberginen, die man gut füllen kann, dekorativ gestreifte und auch lange, schmale Sorten für die fernöstliche Küche.

Über das Salzen

In vielen Rezepten wird darauf hingewiesen, Auberginen vor der weiteren Verwendung zu salzen, um dem Fleisch die bitteren Säfte zu entziehen. Dies ist empfehlenswert, wenn man eine Form mit Auberginenscheiben auslegen oder Auberginenhüllen füllen und backen will, denn dadurch wird das Fleisch weicher. Beim Braten oder Grillen macht es wenig Unterschied, ob die Auberginen zuvor gesalzen wurden.

***Oben:** Die Auberginen der Sorte »Turkish Orange« sind besonders saftig.*

***Links:** »Bambino-Auberginen« haben die Größe von Kirschen und können ganz gekocht oder gegrillt werden. Besonders gut schmecken sie auch im Salat.*

Kauf und Lagerung

Auberginen sollten beim Kauf immer ganz frisch sein und eine makellose, dunkel glänzende Haut aufweisen. Für die meisten Sorten gilt: Je dunkler die Haut, desto besser. Der Stielansatz sollte frisch aussehen und nicht etwa verwelkt oder beschädigt sein. Auberginen sollten möglichst sofort verarbeitet werden. Falls sie dennoch gelagert werden müssen, packt man sie locker in einen Plastikbeutel und bewahrt sie im Salatfach des Kühlschranks auf.

Anbau und Aufzucht

Oben: ***Diese Ausstellungspflanzen werden in den Gewächshäusern der West Dean Gardens im englischen Chichester gezüchtet.***

Auberginen kann man gut in Gewächshäusern ziehen. Die Setzlinge benötigen wenig Hitze, lieben aber Feuchtigkeit. Wenn die Pflanzen etwa 60 Zentimeter hoch sind, entfernt man die Spitzen, damit sie buschiger werden. Spätestens wenn die Früchte erscheinen, setzt man Stöcke als Traghilfe.

Um Früchte zu tragen, benötigen vor allem die exotischen Sorten hohe Temperaturen. Die verwelkten Blüten müssen regelmäßig entfernt werden, weil sie sonst die Früchte beflecken.

Sobald die Pflanzen Früchte tragen, werden sie einmal wöchentlich reichlich mit Tomatendünger versorgt. Damit die einzelnen Früchte eine optimale Größe erreichen, lässt man pro Pflanze nur sechs bis acht davon wachsen.

Ideale Küchenkombinationen

Da Auberginen sehr leicht Aromen annehmen, werden sie traditionell mit bestimmten Zutaten kombiniert. Dazu zählen zum Beispiel Tomatenprodukte aller Art, einschließlich passierter Tomaten (Passata), getrockneter Tomaten und Tomatenmark. Tomaten verleihen Auberginengerichten Farbe; zudem macht eine gut eingekochte Tomatensauce jede Speise reichhaltiger.

***Links:** Viele Auberginensorten sind gleichzeitig auch attraktive Zierpflanzen. Hier die gestreifte »Rossa Bianca«.*

***Unten:** Die Sorte »Japanese Pickling« eignet sich vor allem für Saucen und Eingemachtes.*

Olivenöle können dickflüssig, grünlich und fruchtig oder duftig und leicht sein. Viele Rezepte beginnen damit, die Auberginen in Öl anzubraten; dabei sollte stets ein hochwertiges Öl benutzt werden.

Mit Schweine-, Lamm- oder Rinderhackfleisch gefüllte Auberginen sind immer ein Erfolg, denn der Fettgehalt im Fleisch verleiht den Gerichten Geschmack und verhindert, dass die Auberginen zu trocken werden. Benutzt man Geflügelfleisch oder Gemüse als Füllung, muss immer etwas Brühe oder Wasser nachgefüllt werden, damit die Auberginenhüllen gar werden.

Oben: *Die Blüten der Aubergine sind rosa bis dunkelviolett und denen der Kartoffelpflanze sehr ähnlich.*

Vorspeisen und Salate

Hummus mit Auberginen 16

Auberginen-Käse-Creme 16

Pesto mit Auberginen 17

Auberginensalat mit Fenchel und Walnüssen 18

Auberginen-Orangen-Creme 20

Auberginen-Toasts 20

Auberginen-Minze-Salat mit Joghurt 22

Thai-Salat 23

Bulgurweizensalat 24

Auberginen-Guacamole 26

Auberginendip mit Minze 26

Ratatouille Niçoise 28

Auberginen auf griechische Art 30

Auberginensalat mit Preiselbeeren 30

Auberginen mit Ingwer 31

Auberginen-Linsen-Salat 32

Auberginen-Krabben-Bällchen 32

Knusprige Auberginenscheiben 34

Auberginendip 34

Auberginenkaviar 36

Auberginen mit Tomaten und Mozzarella 36

Auberginen-Sandwiches 37

Würziger Auberginensalat 38

Frühlingsrollen 38

Caponata 40

Gegrillte Auberginen mit Pfefferbutter 42

Gegrillte Auberginen auf italienische Art 42

Gegrillte Auberginen mit Ziegenkäse 44

Hummus mit Auberginen

Diese Variante ersetzt die Kichererbsen durch Auberginen, während das Tahin (Sesammus) für den gewohnten Geschmack sorgt.

FÜR 6 PERSONEN

- 1 große Aubergine
- 3 EL Olivenöl und Öl zum Beträufeln
- 3 Frühlingszwiebeln, grob gehackt
- 1 rote Chilischote, entkernt, gehackt
- geriebene Schale und Saft von ½ unbehandelten Zitrone
- 2 Knoblauchzehen, durchgepresst
- Salz und schwarzer Pfeffer
- 100 ml Tahin (Sesammus)
- Paprikapulver zum Garnieren

Zubereitungszeit: 30 Minuten

❶ Die Aubergine auf dem Grill oder im heißen Backofen rösten, bis die Haut Blasen wirft und das Fleisch weich ist, dabei ein- oder zweimal drehen. Mit einem feuchten Tuch abdecken und 10 Minuten abkühlen lassen, dann schälen.

❷ Die Aubergine grob hacken und in einer Schüssel mit 3 EL Olivenöl und den übrigen Zutaten vermischen. Die Mischung in ein Servierschälchen füllen, mit dem restlichen Öl beträufeln und mit Paprikapulver bestreuen. Dazu warmes Pitta oder Gemüsestreifen zum Dippen servieren.

Auberginen-Käse-Creme

Zu dieser Creme werden Toastscheiben oder Cracker gereicht. Kalorienbewusste ersetzen den Doppelrahmkäse durch Hüttenkäse.

FÜR 6 PERSONEN

- 2 kleine Auberginen
- 200 g Frischkäse (Doppelrahmstufe)
- 1 Knoblauchzehe, durchgepresst
- 1 grüne Chilischote, entkernt und gehackt
- 1 EL Tomatenmark
- Salz und frisch gemahlener schwarzer Pfeffer
- Paprikapulver zum Garnieren

Zubereitungszeit: 40 Minuten
Kühlzeit: 30 Minuten

❶ Die Auberginen auf dem Grill oder im heißen Backofen rösten, bis die Haut Blasen wirft und das Fleisch weich ist, dabei ein- oder zweimal drehen. Mit einem feuchten Tuch abdecken und 10 Minuten abkühlen lassen, dann schälen.

❷ Die Auberginen mit den anderen Zutaten im Mixer pürieren, kräftig mit Gewürzen abschmecken und in eine Servierschüssel füllen. Mit Paprikapulver garnieren und vor dem Servieren 30 Minuten kalt stellen.

Pesto mit Auberginen

Dieser relativ fettarme Pesto nimmt gut den rauchigen Geschmack der Aubergine an. Falls kein frisches Basilikum erhältlich ist, werden stattdessen 1 Teelöffel getrocknetes Basilikum und frisch gehackte Petersilie verwendet.

Für 4 Personen

- 1 große Aubergine
- 5 EL frische Basilikumblätter
- 2–3 Knoblauchzehen, grob gehackt
- 50 g Pinienkerne
- 50 g frisch geriebener Parmesan
- 1 TL grobes Meersalz
- 50 ml Olivenöl
- frisch zubereitete Nudeln als Beilage
- Parmesanstreifen und Basilikumzweige zum Garnieren

Zubereitungszeit: 40 Minuten

❶ Die Aubergine auf dem Grill oder im heißen Backofen rösten, bis die Haut Blasen wirft und das Fleisch weich ist, dabei ein- oder zweimal drehen. Mit einem feuchten Tuch abdecken und 10 Minuten abkühlen lassen, dann schälen.

❷ Alle übrigen Zutaten mit einem Pürierstab oder im Mixer pürieren, dann die Aubergine hinzufügen und das Ganze zu einer glatten Sauce verarbeiten. Nach Belieben würzen und mit frisch zubereiteten Nudeln vermischt servieren.

Auberginensalat mit Fenchel und Walnüssen

Der leichte Anisgeschmack des Fenchels und die knackigen Nüsse sorgen für einen angenehmen Kontrast zur Aubergine.

Für 6 Personen

- 175 ml Olivenöl
- 1 Fenchelknolle, in dünnen Scheiben
- 1 kleine rote Zwiebel, in Scheiben
- 75 g Walnüsse
- Meersalz und frisch gemahlener schwarzer Pfeffer
- 1 große Aubergine, in 1 cm großen Stücken
- 1 EL Rotweinessig
- 1 Tomate, geschält, entkernt und gehackt
- 1 EL frische Basilikumblätter, zerpflückt
- Basilikumzweige und Fenchelgrün zum Garnieren

Zubereitungszeit: 30 Minuten
Kühlzeit: 30 Minuten

❶ In einer Pfanne 3 EL Olivenöl erhitzen. Fenchel und Zwiebel hineingeben und 5–8 Minuten anbraten, bis das Gemüse weich, aber noch nicht braun geworden ist. Mit einem Schaumlöffel herausnehmen und in eine Salatschüssel geben.

❷ Weitere 2 EL Öl in die Pfanne geben und die Walnussstücke darin etwa 2 Minuten knusprig und goldbraun anbraten (nicht anbrennen lassen!). Mit einem Schaumlöffel herausnehmen, auf Küchenpapier abtropfen lassen und in eine Schüssel füllen. Mit Salz bestreuen, gut umrühren und abkühlen lassen.

❸ 4 EL Öl in die Pfanne geben, die Auberginenwürfel hineingeben und bei geringer Hitze braten, bis sie gar und von allen Seiten angebräunt sind. Aus der Pfanne nehmen und zu der Fenchel-Zwiebel-Mischung geben.

❹ Das restliche Öl mit dem Rotweinessig und etwas Salz und Pfeffer in der Pfanne unter Rühren erhitzen. Das Dressing aufkochen lassen und über das Gemüse gießen. Etwas umrühren und 10–15 Minuten abkühlen lassen. Die gesalzenen Walnüsse, die gehackte Tomate und das Basilikum hinzufügen, wenn der Salat noch warm ist. Abkühlen lassen und mit Fenchelgrün und Basilikumzweigen garniert servieren.

Auberginen-Orangen-Creme

Eine spanische Creme mit ungewöhnlichem Aroma, für die ein leichtes Olivenöl, Salbei und Orangen benötigt werden. Sie passt hervorragend zu Entenbraten.

FÜR 4–6 PERSONEN

- 2 Auberginen
- geriebene Schale und Saft von 1 großen unbehandelten Orange
- 1 Knoblauchzehe, durchgepresst
- 1 EL frischer Salbei, gehackt
- 50 ml spanisches Olivenöl
- Salz und frisch gemahlener schwarzer Pfeffer

Zubereitungszeit: 30 Minuten

❶ Die Auberginen auf dem Grill oder im heißen Backofen rösten, bis die Haut Blasen wirft und das Fleisch weich ist, dabei ein- oder zweimal drehen. Mit einem feuchten Tuch abdecken und 10 Minuten abkühlen lassen.

❷ Die Auberginen schälen und das Fleisch grob hacken. Mit allen anderen Zutaten in den Mixer geben und zu einer dickflüssigen Creme verarbeiten. Kräftig salzen und pfeffern.

❸ Die Creme als Dip zu Gemüse oder Olivenbrot oder als Sauce zu kaltem oder warmem Entenbraten servieren.

Auberginen-Toasts

Dies ist eine vegetarische Variante zu den beliebten Krabbentoasts. Um die Auberginen zu reiben, bedient man sich am besten einer Küchenmaschine.

FÜR 4 PERSONEN

- 4 Scheiben Weißbrot, ohne Krusten
- Pflanzenöl zum Frittieren
- Chilistreifen und frische Korianderzweige zum Garnieren

AUBERGINENPASTE:

- 225 g Auberginen, geschält und gerieben
- 1 Eiweiß, schaumig geschlagen
- 2 TL Sherry
- 1 Prise gemahlener Ingwer
- 2 TL Maisstärke
- 1 Prise Salz
- 2 TL Austernsauce

Zubereitungszeit: 30 Minuten

❶ Die Auberginen mit den übrigen Zutaten für die Paste vermischen. Das Brot in Dreiecke zerteilen und mit der Paste bestreichen.

❷ Das Öl im Wok (oder in einer dickbödigen Pfanne) auf 160 °C erhitzen. Die Dreiecke portionsweise mit der bestrichenen Seite nach unten vorsichtig hineingleiten lassen und 2–3 Minuten braten, bis das Brot goldbraun ist. Mit einem Schaumlöffel herausnehmen und auf Küchenpapier abtropfen lassen. Warm stellen, bis alle Toasts fertig sind.

❸ Mit Austernsauce beträufeln, mit Chilistreifen und frischem Koriander garnieren und warm servieren.

Auberginen-Toasts

Auberginen-Minze-Salat mit Joghurt

Dieser erfrischende Salat schmeckt sehr gut zu kaltem Braten oder gedünstetem Lachs. Kreuzkümmel sorgt für die Würze.

Für 4–6 Personen

- 1 EL Kreuzkümmel
- 100 ml fruchtiges Olivenöl
- 1 große Aubergine, in Scheiben
- 1 Knoblauchzehe, durchgepresst
- 2 EL frische Minze, gehackt
- 225 ml Naturjoghurt
- Salz und schwarzer Pfeffer

Zubereitungszeit: 35 Minuten
Kühlzeit: 45 Minuten

❶ Eine große Pfanne langsam erhitzen und die Kreuzkümmelsamen darin etwa 30 Sekunden rösten, bis sie einen starken Geruch entwickeln und anfangen zu springen. Herausnehmen und beiseite stellen.

❷ Das Öl in der Pfanne erhitzen und die Auberginenscheiben darin von beiden Seiten anbräunen, bis sie weich sind. Zusätzliches Öl muss nicht zugegeben werden. Die Scheiben mit einem Schaumlöffel herausnehmen und etwas abkühlen lassen, dann auf einer Servierplatte anordnen. Mit Kreuzkümmel, Knoblauch und Minze bestreuen und abkühlen lassen.

❸ Den Joghurt darüber geben, alles kräftig würzen und ein wenig vermischen. Gut gekühlt servieren.

Thai-Salat

Diesen Salat kann man variieren, indem man das Schweinefleisch durch Schinken und den Koriander durch Minze ersetzt.

Für 4 Personen

- 2 lange, schmale Thai-Auberginen oder japanische Auberginen
- 2 scharfe Chilischoten, ggf. entkernt, in dünnen Ringen
- 2 Schalotten, in dünnen Scheiben
- 2 EL Fischsauce
- Saft von 2 Limetten
- 1 EL Feinzucker
- 50 g gekochtes Schweinefleisch, fein gehackt
- 125 g Garnelen (ohne Schale), ggf. aufgetaut
- 2 EL frische Korianderblätter

Zubereitungszeit: 30 Minuten

❶ Die Auberginen auf dem Grill oder im heißen Backofen rösten, bis die Haut Blasen wirft und das Fleisch weich ist, dabei ein- oder zweimal drehen. Mit einem feuchten Tuch abdecken und 10 Minuten abkühlen lassen. In der Zwischenzeit Chillies, Schalotten, Fischsauce, Limettensaft und Zucker in einer Schüssel vermischen.

❷ Die Auberginen schälen und in Stücke schneiden. In die vorbereitete Sauce geben und gründlich darin wenden, dann Schweinefleisch und Garnelen hinzufügen und mit Korianderblättern garniert servieren.

Bulgurweizensalat

Bulgurweizen eignet sich hervorragend für Salate. Die Kombination mit den schwarz-violetten Auberginen ergibt ein farbenfrohes und köstliches Gericht.

Für 3–4 Personen

- 200 g Bulgurweizen
- ½ Gurke, in kleinen Würfeln
- 2 große Tomaten, entkernt und gehackt
- 100 ml Olivenöl
- 1 Zwiebel, in dünnen Ringen
- 1 Aubergine, in halbierten Scheiben
- 2 TL gemahlener Zimt
- Salz und frisch gemahlener schwarzer Pfeffer
- 2 EL Rosinen
- 1 EL Rotweinessig
- 2 EL frische Schnittlauchröllchen
- 2 EL frische Petersilie, gehackt

Zubereitungszeit: 45 Minuten

❶ Den Bulgurweizen in eine Schüssel füllen und gerade so viel Wasser darüber gießen, dass er bedeckt ist. 20–30 Minuten stehen lassen, bis der Bulgur das gesamte Wasser aufgesogen hat. In ein feines Sieb geben und überschüssiges Wasser mit dem Löffelrücken herauspressen, dann zusammen mit Gurke und Tomaten in eine große Salatschüssel füllen.

❷ Das Öl in einer Pfanne erhitzen. Zwiebel, Aubergine und Zimt hineingeben und von allen Seiten braun braten, dann mit einem Schaumlöffel herausnehmen. Den Bulgurweizen kräftig würzen und die Rosinen dazugeben.

❸ Den Essig mit dem in der Pfanne verbliebenen Öl mischen, würzen und über den Bulgur gießen. Schnittlauch und Petersilie dazugeben und alles gut vermischen. Vor dem Servieren Zwiebel und Auberginenscheiben auf dem Salat anordnen.

Wissenswertes

Bulgur (auch: Burghul), geschroteter Weizen, ist in Reformläden und größeren Supermärkten erhältlich. Im Nahen Osten gehört er zu den wichtigsten Lebensmitteln, mit dem sich unter anderem exzellente Pilaus zubereiten lassen (siehe »Auberginen-Bulgur-Pilau« auf S. 95).

Auberginen-Guacamole

Alle kalorienbewussten Liebhaber der mexikanischen Küche werden sich über diese fettärmere Version des traditionellen Avocado-Dips freuen.

Für 4–6 Personen

- 1 große Aubergine
- 1 Avocado, geschält und fein gehackt
- geriebene Schale und Saft von 1 unbehandelten Limette
- 2 Tomaten, entkernt und gehackt
- 1 grüne Chilischote, entkernt und fein gehackt
- 1 EL Zwiebel, sehr fein gehackt
- 1–2 Knoblauchzehen, durchgepresst
- Salz und schwarzer Pfeffer
- Olivenöl zum Beträufeln
- Paprikapulver zum Garnieren

Zubereitungszeit: 50 Minuten

❶ Den Backofen auf 220 °C vorheizen. Die Aubergine von allen Seiten einstechen, auf ein Backblech legen und 30–40 Minuten rösten, bis die Haut Blasen wirft und das Fleisch weich ist, dabei ein- oder zweimal drehen. Mit einem feuchten Tuch abdecken und vollständig abkühlen lassen.

❷ Die Aubergine schälen und in kleine Stücke zerteilen. Mit dem Pürierstab oder im Mixer zu einer möglichst glatten Masse verarbeiten und in eine kleine Schüssel füllen. Die Avocadostücke in Limettensaft wenden, dann mit allen übrigen Zutaten zu dem Auberginenpüree geben. Das Ganze gründlich verrühren, mit Salz und Pfeffer würzen, mit etwas Olivenöl beträufeln und mit Paprikapulver bestreuen.

❸ In einer kleinen Schüssel zu Tortillachips oder warmem Toast servieren.

Auberginendip mit Minze

Dieser erfrischende Appetitanreger kann als Dip oder als Vorspeise gereicht werden.

Für 4 Personen

- 2 große Auberginen
- 2 TL Kreuzkümmel
- 1–2 Knoblauchzehen, grob gehackt
- 2 EL frische Minze, gehackt
- Meersalz und frisch gemahlener schwarzer Pfeffer
- 225 ml dickflüssiger Naturjoghurt
- 1 Gurke, in kleinen Würfeln

Zubereitungszeit: 40 Minuten

❶ Die Auberginen auf dem Grill oder im heißen Backofen rösten, bis die Haut Blasen wirft und das Fleisch weich ist, dabei ein- oder zweimal drehen. Mit einem feuchten Tuch abdecken und 10 Minuten abkühlen lassen, dann schälen.

❷ Währenddessen die Kreuzkümmelsamen in einer Pfanne trocken anrösten, bis sie zu springen beginnen, dann in einen Mörser geben und etwas abkühlen lassen. Knoblauch, Minze und etwa ½ TL Salz hinzufügen und zu einer Paste zerstoßen (oder mit einem Nudelholz zerdrücken).

❸ Die Auberginen hacken und mit der Kreuzkümmelpaste im Mixer zu einem dickflüssigen Püree verarbeiten. Den Joghurt dazugeben und zu einer cremigen Masse verrühren. Das Ganze in eine Schüssel füllen, die Gurkenwürfel unterrühren und nach Belieben mit Salz und Pfeffer würzen.

Auberginen-Guacamole

Ratatouille Niçoise

Dieses Gericht ist eher ein Salat als ein Gemüseeintopf. Obwohl die Zutaten einzeln zubereitet werden, enthält es alle Aromen dieses Klassikers der Mittelmeerküche.

FÜR 4 PERSONEN (HAUPTGERICHT) ODER 8 PERSONEN (VORSPEISE)

- 6 EL Olivenöl
- 1 große Zwiebel, gehackt
- 2 Knoblauchzehen, in dünnen Scheiben
- 1 grüne Paprikaschote, entkernt und in Streifen
- 1 Zucchino (falls möglich gelb), in Scheiben
- 1 lange, schmale Aubergine, in dünnen Scheiben (6 mm)
- 400 g gehackte Tomaten (aus der Dose)
- 150 ml Rotwein
- 4–5 frische Thymianzweige
- Salz und schwarzer Pfeffer
- 1 EL Basilikumblätter, zerpflückt
- 75 g schwarze Oliven, entkernt
- 200 g Feta

Zubereitungszeit: 40 Minuten
Zeit zum Abkühlen: 20–30 Minuten

❶ In einer großen Pfanne 3 EL Olivenöl erhitzen und die Zwiebel darin bei mittlerer Hitze etwa 5 Minuten anbraten, bis sie weich, aber noch nicht braun ist. Den Knoblauch dazugeben und noch einige Sekunden mitbraten, dann beides mit einem Schaumlöffel herausnehmen und in eine große Schüssel geben.

❷ Die Paprikastreifen in die Pfanne geben und 4–5 Minuten anbraten, dann mit dem Schaumlöffel herausnehmen und zu den Zwiebeln geben. In die Pfanne 1–2 EL Öl nachgießen und die Zucchinoscheiben darin 3–4 Minuten anbraten, dabei einmal wenden.

❸ Die Zucchinoscheiben mit dem Schaumlöffel herausnehmen und in die Schüssel geben. In die Pfanne 1–2 EL Öl nachgießen und die Auberginenscheiben darin bei geringer Hitze von beiden Seiten leicht anbräunen (ggf. portionsweise). Mit dem Schaumlöffel herausnehmen und in die Schüssel geben.

❹ Tomaten, Rotwein, Thymian, Salz und Pfeffer in die Pfanne geben, aufkochen und 5 Minuten köcheln lassen. Den Thymian herausnehmen, dann die heiße Sauce über das Gemüse in der Schüssel gießen. Abkühlen lassen, dabei hin und wieder umrühren.

❺ Unmittelbar vor dem Auftragen die Basilikumblätter, die Oliven und den Feta hinzufügen und bei Zimmertemperatur servieren.

Auberginen auf griechische Art

Zu diesem marinierten Auberginensalat mit Pilzen und Petersilie serviert man reichlich Brot, mit dem man die köstliche Sauce auftunken kann.

FÜR 4–6 PERSONEN

- 1 große Aubergine, in Scheiben
- 100 ml Olivenöl
- Salz und frisch gemahlener schwarzer Pfeffer
- 1–2 Knoblauchzehen, durchgepresst
- 250 g Champignons, in Scheiben
- 2–3 EL frische Petersilie, gehackt

Zubereitungszeit: 25 Minuten
Kühlzeit: 1–2 Stunden

❶ Den Grill vorheizen. Die Auberginenscheiben in eine flache Form legen und mit Olivenöl bestreichen. So lange grillen, bis sie braun sind.

❷ Die Auberginenscheiben in eine Servierschüssel füllen und genügend Öl zugeben, um sie feucht zu halten. Gut würzen, Knoblauch, Champignons und Petersilie dazugeben und leicht verrühren. 1–2 Stunden kühl stellen, dann bei Raumtemperatur servieren.

Auberginensalat mit Preiselbeeren

Anstelle der Preiselbeeren können für dieses Rezept ebenso gut Granatapfelsaft und -kerne verwendet werden. Die leicht herbe Säure der Früchte passt sehr gut zu Auberginen.

FÜR 4–6 PERSONEN

- 3 EL mildes Olivenöl
- 1 Aubergine, in kleinen Würfeln
- 1 kleine Zwiebel, in dünnen Ringen
- 100 ml Preiselbeersaft
- 1 Knoblauchzehe, durchgepresst
- 40 g getrocknete Preiselbeeren
- Salz und frisch gemahlener schwarzer Pfeffer
- 7 EL geröstete Vollkornbrotkrumen
- frische Petersilie, gehackt, zum Garnieren

Zubereitungszeit: 25 Minuten
Zeit zum Abkühlen: 30 Minuten

❶ Das Öl in einer Pfanne erhitzen. Aubergine und Zwiebel darin bei geringer Hitze braten, bis sie das gesamte Öl aufgesogen haben. Den Preiselbeersaft dazugießen und köcheln lassen, bis die Auberginenscheiben weich sind. In eine Servierschüssel füllen, den Knoblauch hinzufügen und abkühlen lassen.

❷ Die getrockneten Preiselbeeren dazugeben und nach Belieben mit Salz und Pfeffer würzen. Unmittelbar vor dem Auftragen die Brotkrumen unterrühren und das Ganze mit Petersilie bestreuen.

Auberginen mit Ingwer

Ein orientalischer Salat, der zu jedem chinesischen Essen passt. Ingwer ist wegen seines intensiven Geschmacks ein idealer Appetitanreger.

Für 4 Personen

- 2 große Auberginen
- 1 Stück frischer Ingwer (5 cm)
- 2 EL helle Sojasauce
- 2 EL Sesamöl
- 1 EL Korianderblätter, zerpflückt
- Salz und Zucker (nach Belieben)
- Paprikastreifen oder orientalisches Gemüse als Beilage

Zubereitungszeit: 30–40 Minuten

Zeit zum Marinieren: 15 Minuten

❶ Die Aubergine auf dem Grill oder im heißen Backofen rösten, bis die Haut Blasen wirft und das Fleisch weich ist, dabei ein- oder zweimal drehen. Mit einem feuchten Tuch abdecken und 10 Minuten abkühlen lassen, dann schälen. Das Fruchtfleisch in große Stücke zerteilen und in eine Schüssel geben.

❷ Den Ingwer mit Schale grob reiben. Die kleinen Stücke in die Hand nehmen und den Saft über den warmen Auberginenstücken auspressen. Alle übrigen Zutaten hinzufügen, gründlich verrühren und etwa 15 Minuten marinieren lassen. Auf einem Bett aus leicht angebratenen Paprikastreifen oder orientalischem Gemüse (z. B. auf Sojabohnenkeimlingen) anrichten und servieren.

Auberginen-Linsen-Salat

Als schmackhafter Wintersalat ist dieses Gericht eine Alternative zum Weißkohlsalat.

Für 4 Personen

- 3 EL Sesamkörner
- 5 EL Olivenöl
- 1 große Zwiebel, fein gehackt
- 1 TL gemahlener Kreuzkümmel
- 1–2 Knoblauchzehen, durchgepresst
- 1 große Aubergine, in Würfeln
- 100 g rote Linsen
- 400 g gehackte Tomaten (aus der Dose)
- 250 ml Gemüse- oder Geflügelbrühe
- Salz und schwarzer Pfeffer
- 1 EL frische Minze, gehackt

Zubereitungszeit: 45 Minuten
Kühlzeit: 30 Minuten

❶ Eine große Pfanne bei mittlerer Hitze heiß werden lassen und die Sesamkörner darin 2–3 Minuten unter ständigem Rühren gleichmäßig rösten. Auf einen Teller geben und beiseite stellen.

❷ In einer Pfanne 3 EL Olivenöl erhitzen. Zwiebel und Kreuzkümmel darin leicht anbräunen, dann Knoblauch und Aubergine dazugeben und 2–3 Minuten anbraten. Linsen, gehackte Tomaten, Brühe und Gewürze hinzufügen und aufkochen lassen. Zugedeckt 30 Minuten köcheln lassen. Nochmals mit Gewürzen abschmecken und abkühlen lassen.

❸ Die Sesamkörner und die Minze zu der Mischung geben und das restliche Olivenöl unterrühren. Den Salat vor dem Servieren etwa 30 Minuten kühl stellen.

Auberginen-Krabben-Bällchen

Wer üblicherweise auf Frittiertes verzichtet, sollte für diese köstlichen Bällchen nach italienischem Rezept einmal eine Ausnahme machen.

Für 4 Personen

- 1 Aubergine, in dicken Scheiben
- 100 g Krabben (ohne Schale), fein gehackt
- Pflanzenöl zum Frittieren

Teig:

- 3 Eier
- 75 g frisch geriebener Parmesan
- Salz und schwarzer Pfeffer
- frisch geriebener Muskat
- 3 EL Mehl
- 3 EL Paniermehl
- halbierte Zitronenscheiben

Zubereitungszeit: 50 Minuten

❶ Die Auberginenscheiben in einem Topf mit kochendem Wasser 5 Minuten kochen. Abgießen, etwas abkühlen lassen und das restliche Wasser herauspressen, dann mit den gehackten Krabben vermischen.

❷ 2 der 3 Eier trennen, die Eiweiße beiseite stellen. Die Eigelbe mit dem Käse vermischen, mit Salz, Pfeffer und Muskat würzen und zu der Auberginen-Krabben-Masse geben.

❸ Die Masse zu 12 walnussgroßen Bällchen formen. Das restliche Ei mit den Eiweißen verquirlen. Mehl und Paniermehl auf 2 Tellern bereitstellen. Die Bällchen zuerst im Mehl wenden, dann in Ei tauchen und schließlich im Paniermehl wenden.

❹ Das Öl in der Fritteuse auf 190 °C erhitzen und die Bällchen portionsweise ausbacken, bis sie goldbraun und knusprig sind. Auf Küchenpapier abtropfen lassen und warm oder kalt mit Zitrone garniert servieren.

Auberginen-Krabben-Bällchen

Knusprige Auberginenscheiben

Für einen geselligen Abend ist dieser Appetithappen besonders geeignet, weil er frühzeitig vorbereitet und später fertig gebacken werden kann.

Für 4 Personen

- Pflanzenöl
- 2 Eier, verquirlt
- 1 EL Milch
- 100 g Vollkornbrotkrumen
- 2 EL frische Petersilie, gehackt
- 25 g frisch geriebener Parmesan
- 40 g Pinienkerne, fein gemahlen
- 50 g Maismehl oder Polenta
- Salz und schwarzer Pfeffer
- 1 Aubergine, in 1 cm dicken Scheiben
- Salatblätter zum Garnieren

Zubereitungszeit: 50 Minuten

❶ Den Backofen auf 180 °C vorheizen und 2 Backbleche einfetten. Eier und Milch in einer flachen Schüssel miteinander verquirlen. Alle weiteren Zutaten (bis auf die Aubergine) auf einem Teller vermischen.

❷ Die Auberginenscheiben zuerst in die Eiermilch tauchen, dann ausgiebig in der Paniermischung wenden und nebeneinander auf die Backbleche legen. Im Ofen 30 Minuten backen, bis die Auberginenscheiben gar und die Streuselkrusten knusprig sind. Mit Salatblättern garniert servieren.

Auberginendip

Dieser cremige Dip, auch als »Hünkâr Begendi« oder »Des Sultans Leibspeise« bekannt, kann als Sauce zu Fleisch oder Fisch gereicht werden.

Für 6–8 Personen

- 2 große Auberginen
- 1 EL Zitronensaft
- 50 g Butter
- 4 EL Mehl
- 450 ml Milch
- Salz und schwarzer Pfeffer
- 50 g frisch geriebener Parmesan
- frische Petersilie, gehackt, zum Garnieren
- Pitta-Brot als Beilage

Zubereitungszeit: 1 Stunde

❶ Die Auberginen im heißen Backofen rösten, bis die Haut Blasen wirft und das Fleisch weich ist, dabei einoder zweimal drehen. Mit einem feuchten Tuch abdecken und 10 Minuten abkühlen lassen, dann schälen. Das Auberginenfleisch in eine Schüssel mit kaltem Wasser und dem Zitronensaft geben.

❷ Die Butter in einer großen Pfanne zerlassen. Die Pfanne vom Herd nehmen und das Mehl einrühren. Bei geringer Hitze etwa 2 Minuten anschwitzen, dann die Pfanne erneut vom Herd nehmen. Die Auberginen abspülen und mit den Händen das Wasser herauspressen. In die Pfanne geben und mit einem Kartoffelstampfer pürieren. Nach und nach die Milch einrühren.

❸ Die Auberginenmischung bei geringer Hitze aufkochen lassen und würzen. Noch etwa 15 Minuten köcheln lassen, dann den Käse einrühren. Den Dip in eine Schüssel füllen und mit Petersilie garniert auftragen.

Auberginendip

Auberginenkaviar

Auberginencremes sind oft als Kaviar bezeichnet worden, weil sie dieser Spezialität von der Konsistenz her sehr ähneln.

Für 4 Personen
- 2 Auberginen
- Salz und frisch gemahlener schwarzer Pfeffer
- Walnussöl
- 2 große Tomaten, gehackt
- 1 große Knoblauchzehe, gehackt
- 6 Frühlingszwiebeln, gehackt
- 1 EL frischer Oregano, gehackt
- 2 hart gekochte Eier, sehr fein gehackt

Zubereitungszeit: 1 Stunde
Kühlzeit: 1 Stunde

❶ Den Backofen auf 220 °C vorheizen. Die Auberginen von allen Seiten einstechen, auf ein Backblech legen und leicht würzen. Mit ein wenig Walnussöl beträufeln und im Ofen 30–40 Minuten backen, bis sie gar sind. Die Auberginen abkühlen lassen, anschließend mit der Haut grob hacken.

❷ Die Auberginenstücke zusammen mit den Tomaten, dem Knoblauch, den Frühlingszwiebeln und etwas Walnussöl im Mixer pürieren, dabei eventuell Öl nachgießen, sodass eine geschmeidige Masse entsteht. Das Püree kräftig mit Salz und Pfeffer abschmecken, dann Oregano und Eier unterrühren. Etwa 1 Stunde kalt stellen und mit heißem frischem Toast servieren.

Auberginen mit Tomaten und Mozzarella

Ein einfach zubereitetes Gericht als Vorspeise oder Beilage zum Hauptgang. Dazu reicht man knuspriges Brot.

Für 4 Personen
- 2 große Auberginen, der Länge nach in Scheiben (6 mm) geschnitten
- Salz und frisch gemahlener schwarzer Pfeffer
- 5 EL Olivenöl
- 4 EL frische Basilikumblätter, zerpflückt
- 8 reife kleine Tomaten, halbiert
- 2 Knoblauchzehen, in dünnen Scheiben
- 125 g Mozzarella, abgetropft und in dünnen Scheiben
- 1 TL Balsamessig

Zubereitungszeit:
1 Stunde 10 Minuten

❶ Die Auberginenscheiben nebeneinander auf ein Backblech legen und mit reichlich Salz bestreuen. 30 Minuten stehen lassen, dann unter kaltem Wasser abspülen und mit Küchenpapier trockentupfen.

❷ Das Öl in einen tiefen Teller gießen. Die Auberginenscheiben hineintunken und in einer Grillpfanne mit welligem Boden portionsweise von jeder Seite 3–4 Minuten garen.

❸ Die Auberginenscheiben mit Basilikum, Tomaten und Knoblauch in einer Auflaufform schichten. Mit einer Auberginenschicht abschließen, kräftig würzen und mit den Mozzarellascheiben abdecken.

❹ Den Balsamessig mit dem in der Pfanne verbliebenen Öl mischen und über den Käse gießen. Das Ganze bei geringer Hitze 4–5 Minuten unter den Grill geben, bis der Käse Blasen wirft und braun wird. Mit einem gemischten Salat und Brot servieren.

Auberginen-Sandwiches

Bei diesem köstlichen Rezept ersetzen die Auberginenscheiben das Brot, zwischen das Schinken- und Käsescheiben eingebettet werden.

Für 4 Personen

- 1 große Aubergine, der Länge nach in 8 Scheiben geschnitten
- Salz
- Olivenöl zum Bestreichen
- 2 Scheiben Schinken, Putenbraten oder Hähnchenbrust
- 2 Scheiben Cheddar (oder anderer Schnittkäse)
- 1 Ei, verquirlt
- 1 EL Milch
- 100 g frische Semmelbrösel
- Salatblätter zum Garnieren

Zubereitungszeit:
1 Stunde 10 Minuten

❶ Die Auberginenscheiben nebeneinander auf ein Backblech legen und mit reichlich Salz bestreuen. Mindestens 30 Minuten stehen lassen, dann unter kaltem Wasser abspülen und mit Küchenpapier trockentupfen.

❷ Den Backofen auf 200 °C vorheizen. Die Scheiben leicht mit Öl bestreichen und zu 4 Sandwiches zusammenlegen. Jedes davon mit einer halben Scheibe Schinken und einer halben Scheibe Käse füllen und die Ränder etwas beschneiden, damit die Füllung nicht zerläuft.

❸ Ei und Milch verquirlen. Die Sandwiches hineintauchen, dann gründlich in den Semmelbröseln wenden, sodass eine feste Schicht entsteht.

❹ Die Sandwiches auf ein mit Öl bestrichenes Backblech legen und im Ofen 20 Minuten backen, bis sie leicht braun werden. Mit Salat garnieren und sofort servieren.

Würziger Auberginensalat

Dieses Rezept stammt aus Nordafrika, wo man Auberginen mit Paprika, Kreuzkümmel und Zitronensaft würzt.

Für 4–6 Personen
- 250 ml Olivenöl
- 2 Auberginen, in Scheiben
- 2 TL edelsüßes Paprikapulver
- 2 TL gemahlener Kreuzkümmel
- 2 Knoblauchzehen, in Scheiben
- 75 g Pistazienkerne
- Schale und Saft von 1 Zitrone
- Salz und schwarzer Pfeffer
- Zucker (nach Belieben)

Zubereitungszeit: 25 Minuten
Kühlzeit: 1 Stunde

❶ Die Hälfte des Öls in einer großen Pfanne erhitzen. Auberginen, Paprikapulver und Kreuzkümmel hineingeben und bei geringer Hitze so anbraten, dass die Gewürze nicht anbrennen (eventuell mehr Öl zugeben); die Auberginen sind nach etwa 10 Minuten gar. Nach der Hälfte der Kochzeit den Knoblauch dazugeben.

❷ Den Pfanneninhalt in eine Servierschüssel füllen und Pistazien, Zitronenschale und -saft hinzufügen. Mit Salz und Pfeffer kräftig würzen und falls gewünscht etwas Zucker dazugeben. Den Salat vor dem Servieren etwa 1 Stunde kalt stellen.

Frühlingsrollen

Zu dieser Variante der chinesischen Vorspeise wird Sojasauce als Dip gereicht.

Für 4 Personen
- 3 EL Erdnussöl und etwas Öl zum Bestreichen
- 1 Aubergine, in Scheiben
- 1 kleine Zwiebel, in dünnen Ringen
- 3 EL Austernsauce
- 100 ml Wasser
- 175 g vorbereitetes Pfannengemüse, ggf. aufgetaut
- Salz
- 8 Teigblätter (Fertigprodukt, z. B. Filo), etwa in der Größe 17,5 × 30 cm
- Sojasauce

Zubereitungszeit:
1 Stunde 15 Minuten

❶ Das Öl in einer Pfanne erhitzen. Aubergine und Zwiebel darin leicht anbraten. Die Austernsauce mit dem Wasser vermischen und in die Pfanne gießen. Bei geringer Hitze noch etwa 10 Minuten köcheln lassen, bis die Aubergine gar ist. Die Pfanne vom Herd nehmen und abkühlen lassen.

❷ Den Backofen auf 200 °C vorheizen und ein Backblech leicht einfetten. Aubergine und Zwiebel mit dem Pfannengemüse vermischen. Die Teigblätter einmal falten und mit Öl bestreichen. Auf jedes davon ein Achtel der Gemüsemischung geben und mit ein paar Tropfen Sojasauce beträufeln.

❸ Den Boden und die Seiten der Teigblätter über die Füllungen falten und das Ganze zigarrenförmig aufrollen. Die Rollen an den Rändern mit etwas Öl bestreichen, auf das Backblech legen und nochmals leicht mit Öl bestreichen. Die Frühlingsrollen im Ofen 10–15 Minuten backen, bis der Teig knusprig ist. Mit Sojasauce servieren.

Frühlingsrollen

Caponata

Die Region Kalabrien in Süditalien ist berühmt für ihre scharfe Küche, bei der sich die Aromen einfacher Zutaten aufs Wunderbarste verbinden. Caponata ist das bekannteste Auberginengericht überhaupt und es gibt viele angebliche »Originalezepte« dafür. Die folgende Version ist eine der beliebtesten.

FÜR 4 PERSONEN

- 2 große Auberginen, in 1 cm großen Stücken
- Salz
- 100 ml fruchtiges Olivenöl
- 250 g Mixedpickles (Zwiebeln, Cornichons, Paprika etc.), grob gehackt
- 3 EL Kapern
- 2 Selleriestängel, fein gehackt
- 50 g grüne Oliven, entsteint
- 1 EL Zucker
- 150 ml Rotweinessig
- 2 EL Pinienkerne

Zubereitungszeit:
1 Stunde 15 Minuten

❶ Die Auberginenscheiben in einem feinen Sieb schichten und jede Schicht mit Salz bestreuen. Etwa 30 Minuten stehen lassen, dann mit kaltem Wasser abspülen, abtropfen lassen und mit Küchenpapier trockentupfen.

❷ Bis auf 2 TL das gesamte Öl in einer großen Pfanne erhitzen und die Auberginenscheiben darin 10–12 Minuten braten, bis sie braun und weich sind.

❸ Das restliche Öl in einer kleinen Pfanne erhitzen. Mixedpickles, Kapern, Sellerie und Oliven darin bei sehr geringer Hitze etwa 10 Minuten anbraten, bis sie weich geworden sind. Zucker und Essig hinzufügen und noch etwas köcheln lassen, bis der Essiggeruch nachlässt.

❹ Das Öl von den Auberginen abtropfen lassen. Die Auberginenscheiben mit den Pinienkernen zum übrigen Gemüse geben und das Ganze würzen. Das Gericht kann warm oder kalt serviert werden.

WISSENSWERTES

Qualitativ hochwertige entsteinte Oliven kauft man am besten in einschlägigen Spezialitätenläden. Sie halten sich 1–2 Wochen im Kühlschrank und eignen sich auch hervorragend als kleine Knabberei zum Aperitif.

Gegrillte Auberginen mit Pfefferbutter

Ein Appetitanreger, der die Gäste bei Laune hält, während das Fleisch auf dem Grill noch etwas Zeit benötigt. Man serviert dazu Brötchen oder Pitta-Brot.

Für 4 Personen

- 2 Auberginen

Pfefferbutter:

- 125 g Butter
- 1 TL Zwiebel, fein gehackt
- 1 Knoblauchzehe, durchgepresst
- ½ TL Paprikapulver
- ½ TL grüne Pfefferkörner, zerdrückt
- 1 EL frischer Koriander, gehackt
- Salz und frisch gemahlener schwarzer Pfeffer

Zubereitungszeit: 50 Minuten
Kühlzeit: 1 Stunde

❶ Die Butter in eine Schüssel geben und mit einem Holzlöffel so lange rühren, bis sie weich und cremig ist. Alle übrigen Zutaten für die Pfefferbutter hinzufügen, nach Belieben mit Salz und Pfeffer würzen und alles gut vermischen. Die Butter zu einer Rolle formen, in Frischhaltefolie einpacken und 1 Stunde kalt stellen.

❷ Die Auberginen auf dem Grill rösten, bis die Haut Blasen wirft und das Fleisch weich ist, dabei mehrmals drehen. Die Auberginen nicht zu schnell zu starker Hitze aussetzen, damit die Haut nicht platzt.

❸ Die Auberginen vom Grill nehmen und der Länge nach halbieren. Die Innenflächen diamantförmig einritzen, auf jede Hälfte ein großes Stück der Butter geben und diese in das Fruchtfleisch hineinschmelzen lassen.

Gegrillte Auberginen auf italienische Art

Für dieses italienische Gericht werden die Auberginenscheiben in Öl und Minze eingelegt und mit gerösteten Pinienkernen und Parmesan bestreut.

Für 4 Personen

- 1 große Aubergine, in Scheiben
- Olivenöl zum Bestreichen
- 40 g Pinienkerne, geröstet
- 2 EL frische Petersilie, gehackt
- geriebene Schale von 1 unbehandelten Zitrone
- Parmesanstreifen

Marinade:

- 100 ml Olivenöl
- 1 Knoblauchzehe, durchgepresst
- 12 große Basilikumblätter, groß zerpflückt
- 1 EL frische Minze, gehackt
- Salz und frisch gemahlener schwarzer Pfeffer
- 1 EL Balsamessig

Zubereitungszeit: 20–25 Minuten
Zeit zum Marinieren: 1–2 Stunden

❶ Den Grill des Backofens auf eine hohe Temperatur vorheizen und die Auberginenscheiben hineingeben. Mit Öl bestreichen und braun rösten, dabei häufig wenden.

❷ Die Zutaten für die Marinade in einer flachen Schüssel vermischen. Die Auberginenscheiben hineingeben und darin wenden. 1–2 Stunden stehen lassen, dann die Pinienkerne dazugeben. Mit Petersilie, Zitronenschale und Parmesan bestreuen und bei Zimmertemperatur servieren.

Gegrillte Auberginen auf italienische Art

Gegrillte Auberginen mit Ziegenkäse

Für dieses Gericht werden die Auberginenscheiben mariniert und mit dem Käse überbacken. Guter Ziegenkäse ist eine Köstlichkeit, die sowohl frisch als auch gut gereift verzehrt werden kann.

Für 4 Personen
- 1 Aubergine, in dünnen Scheiben
- Olivenöl zum Braten
- 100 g reifer Ziegenkäse, in Scheiben

Marinade:
- 1½ TL Kreuzkümmel
- ½ TL grobes Meersalz
- 100 ml Rotwein
- 2 EL Olivenöl
- 1 EL Rotweinessig
- Salz und frisch gemahlener schwarzer Pfeffer
- 1 Knoblauchzehe, durchgepresst
- 1 EL frische Minze, gehackt
- 1 TL Zucker

Zubereitungszeit: 1 Stunde

❶ Eine kleine Bratpfanne erhitzen. Die Kreuzkümmelsamen hineingeben und 30–45 Sekunden rösten, bis sie zu duften beginnen und braun werden, dann mit dem Salz in einen Mörser geben und fein zermahlen.

❷ Die Gewürzmischung mit den übrigen Zutaten für die Marinade in eine Schüssel füllen. Die Auberginenscheiben hineingeben, mehrmals darin wenden und mindestens 30 Minuten marinieren lassen.

❸ Die Auberginenscheiben abtropfen lassen und die Marinade beiseite stellen. Die Scheiben mit wenig Öl in der Pfanne braten. In einer Auflaufform schichten und mit den Käsescheiben belegen.

❹ Das Ganze mit der Marinade beträufeln und bei mäßiger Hitze grillen, bis der Käse braun wird. Mit knusprigem Brot und einem saftigen Tomatensalat servieren.

Fischgerichte

Meeräsche mit Aubergine und Liebstöckel-Pesto 46
Auberginenscheiben mit Krebsfleischkruste 47
Teigtaschen mit Krabben und Auberginen 47
Risotto mit Auberginen und Thunfisch 48
Thunfisch-Auberginen-Spieße 49
Vanillenudeln mit Auberginen und Ingwerkrebs 50
Gegrillte Lotte mit Auberginen in Weinsauce 52
Auberginen-Kabeljau-Auflauf 53
Gefüllte Forellen mit Pinienkernen 54
Forellen mit Auberginen-Preiselbeer-Sauce 55

Geschmorte Tintenfischringe mit Auberginen 56
Marinierter Schwertfisch mit Auberginenstreifen 58
Gefüllte Muscheln 59
Frittierter Fisch mit Auberginen-Couscous 60
Fisch-Mandel-Frikadellen mit Thai-Salat 62
Mediterraner Meeresfrüchteeintopf 64
Lachs-Auberginen-Kedgeree 65
Rochen mit Auberginen und Butter 66
Meeresfrüchteauflauf mit Auberginen-kruste 68

Meeräsche mit Aubergine und Liebstöckel-Pesto

Ein leichtes Fischgericht mit starken Aromen. Die Meeräsche hat einen fleischartigen Geschmack, der sehr gut mit dem Pesto harmoniert.

FÜR 4 PERSONEN
- 2 Auberginen, der Länge nach in 1 cm dicke Scheiben geschnitten
- Salz
- 2–3 EL Olivenöl
- 8 große Meeräschenfilets
- Butter zum Einfetten

PESTO:
- 50 g Liebstöckel
- 50 g Petersilie
- 50 g geriebener Parmesan
- 40 g Pinienkerne
- 2 Knoblauchzehen, durchgepresst
- 100 ml Olivenöl
- Salz und frisch gemahlener schwarzer Pfeffer

Zubereitungszeit: 1 Stunde

❶ Zunächst den Pesto zubereiten. Dazu alle Zutaten mit dem Pürierstab oder im Mixer zu einer glatten Sauce verarbeiten. Nach Belieben würzen und in eine kleine Schale füllen.

❷ Die Auberginenscheiben nebeneinander auf ein Backblech legen. Mit Salz bestreuen und 30 Minuten stehen lassen. Den Backofen auf 200 °C vorheizen. Die Auberginen mit kaltem Wasser abspülen und mit Küchenpapier trockentupfen. Das Öl in einer Pfanne erhitzen und die Auberginenscheiben darin braten, bis sie von beiden Seiten braun sind. Herausnehmen und warm stellen.

❸ Eventuell die Pfanne mit etwas Öl auffüllen, dann die Fischfilets mit der Haut nach unten hineingeben und 1–2 Minuten anbraten. Die Filets auf ein eingefettetes Backblech legen und 5–6 Minuten im Ofen fertig garen.

❹ Auf vorgewärmten Tellern jeweils 2 Auberginenscheiben anordnen und jede mit einem Fischfilet belegen. Jede Portion mit etwas Pesto übergießen und sofort servieren.

Auberginenscheiben mit Krebsfleischkruste

Krebse und Auberginen passen geschmacklich sehr gut zusammen. Dieses Gericht verursacht wenig Kosten, da bereits 125 g Krebsfleisch ausreichend sind.

Für 4 Personen (Vorspeise) oder 2 Personen (Hauptgericht)

- 1 Aubergine, der Länge nach in 4 Scheiben zerteilt
- Salz, 2 EL Olivenöl
- 50 g frische Semmelbrösel
- 25 g Pinienkerne
- Salz und schwarzer Pfeffer
- 50 g frisch geriebener Parmesan
- 1 EL frische Petersilie, gehackt
- 125 g Krebsfleisch
- 1–2 EL Butter, zerlassen
- frische Petersilie zum Garnieren

Zubereitungszeit: 1 Stunde

❶ Die Auberginenscheiben mit etwas Salz bestreuen, in ein Sieb geben und 30 Minuten stehen lassen. Den Backofen auf 220 °C vorheizen.

❷ Die Auberginenscheiben unter kaltem Wasser gründlich abspülen und mit Küchenpapier trockentupfen. Das Olivenöl in einer Pfanne erhitzen und die Scheiben darin von jeder Seite 3–4 Minuten anbraten, bis sie fast gar sind. Herausnehmen und auf ein Backblech legen.

❸ Alle übrigen Zutaten miteinander vermischen und mit der zerlassenen Butter binden. Diese Mischung auf die Auberginenscheiben geben und das Ganze im Ofen etwa 15 Minuten backen, bis die Krebsfleischkruste braun wird. Mit Petersilie garnieren und sofort servieren.

Teigtaschen mit Krabben und Auberginen

Zusammen mit einem Salat ergeben diese Teigtaschen eine ideale Mittagsmahlzeit.

Für 4 Personen

- Butter zum Einfetten
- 3–4 EL mildes Olivenöl
- 1 Aubergine, in kleinen Stücken
- 1 rote und 1 grüne Paprikaschote, entkernt und in kleinen Stücken
- 1 rote Zwiebel, fein gehackt
- 400 g Krabbenfleisch (ohne Schale)
- 175 g gekochte Kartoffeln, in Würfeln
- 3 EL frische Petersilie, gehackt
- Salz und schwarzer Pfeffer
- geriebene Schale und Saft von ½ unbehandelten Zitrone
- 375 g fertiger Blätterteig, Milch

Zubereitungszeit: 40 Minuten

❶ Den Backofen auf 200 °C vorheizen und ein Backblech einfetten. Das Öl in einer Pfanne erhitzen. Aubergine, Paprika und Zwiebel darin weich kochen, dann mit Krabben, Kartoffeln und Petersilie vermischen und kräftig würzen. Zitronenschale und -saft unterrühren.

❷ Den Teig zu einem Rechteck von etwa der Größe 35 × 23 cm ausrollen und daraus 4 Kreise mit etwa 13 cm Durchmesser ausschneiden. Die Ränder der Teigkreise befeuchten, dann auf eine Hälfte jedes Kreises ein Viertel der Füllung geben. Die andere Hälfte darüber falten und die Teigtaschen gut verschließen.

❸ Die Teigtaschen auf das vorbereitete Backblech legen und mit Milch bestreichen. Etwa 25 Minuten backen, bis der Teig goldbraun ist. Heiß oder kalt servieren.

Risotto mit Auberginen und Thunfisch

Frischer Thunfisch macht sich sehr gut in einem Risotto, besonders wenn er zuvor in Limettensaft und Chili mariniert wurde.

FÜR 4 PERSONEN

- 1 oder 2 Thunfischsteaks (à 225 g), in kleine Stücke zerteilt
- 2 Auberginen, in 1 cm großen Stücken, 3–4 EL Olivenöl
- 1 Zwiebel, fein gehackt
- 250 g Arborioreis, 1,2 l Brühe
- 1 EL frischer Koriander, gehackt
- 1 EL frische Petersilie, gehackt
- Parmesanstreifen

MARINADE:

- Schale und Saft von 1 Limette
- 6 Frühlingszwiebeln, in Ringen
- 1 rote Chilischote, entkernt, gehackt
- Salz, gemahlener schwarzer Pfeffer
- 3 EL fruchtiges Olivenöl

Zubereitungszeit:
1 Stunde 10 Minuten

❶ Alle Zutaten für die Marinade in einer Schüssel vermischen, dann den Thunfisch hineinlegen und darin wenden. 30 Minuten stehen lassen. Die Auberginenwürfel in ein Sieb geben und salzen. Ebenfalls 30 Minuten stehen lassen, dann abspülen und trockentupfen.

❷ Das Öl in einer großen Pfanne erhitzen und die Zwiebel darin kurz anbraten. Dann die Auberginenwürfel hinzufügen und braten, bis sie braun werden.

❸ Den Reis hineinrühren. Ein Drittel der Brühe dazugießen, aufkochen und unter häufigem Umrühren köcheln lassen, bis nahezu die gesamte Flüssigkeit aufgesogen ist, dann die Hälfte der übrig gebliebenen Brühe nachgießen.

❹ Den Thunfisch abtropfen lassen und die Marinade aufbewahren. Den Fisch unter dem heißen Grill 3–4 Minuten rösten, dabei ein- oder zweimal wenden. In der Zwischenzeit die restliche Brühe und die Marinade zum Risotto geben und weiterköcheln lassen, bis die Flüssigkeit aufgesogen ist.

❺ Den Thunfisch zum Risotto geben, mit Salz und Pfeffer abschmecken und mit den Kräutern und den Parmesanstreifen bestreut servieren.

Thunfisch-Auberginen-Spieße

Diese Fischspieße eignen sich hervorragend für ein Grillfest im Garten oder am Strand – und natürlich zu jeder Jahreszeit für das Grillen im Backofen.

Für 4 Personen

- 600 g frische Thunfischsteaks, in Würfel von 2 cm Seitenlänge zerteilt
- 1 lange, schmale Aubergine (z. B. »Japanese Pickling«)

Marinade:

- geriebene Schale und Saft von 1 unbehandelten Limette
- 4 EL Olivenöl
- 1 Knoblauchzehe, durchgepresst
- 2 EL frischer Oregano, gehackt
- 1 EL frische Petersilie, gehackt
- Salz und frisch gemahlener schwarzer Pfeffer

Zubereitungszeit: 25 Minuten
Zeit zum Marinieren: 1 Stunde

❶ Die Thunfischwürfel mit den Marinadezutaten in eine Glasschüssel geben und gründlich umrühren. Mindestens 1 Stunde stehen lassen, dabei ein- oder zweimal umrühren.

❷ Die Aubergine auf dem Grill oder im heißen Backofen vorgaren, bis die Haut zu verschrumpeln beginnt, dann in 1 cm dicke Scheiben schneiden.

❸ Die Holzspießchen in Wasser einweichen, damit sie auf dem Grill nicht verkohlen. Immer abwechselnd Auberginenscheiben und Thunfischstücke auf die Spieße reihen und mit der verbliebenen Marinade bestreichen.

❹ Die Spieße auf dem Grill oder im Backofen bei mäßiger Hitze von allen Seiten insgesamt 10–12 Minuten garen, dabei regelmäßig mit der Marinade bestreichen. Als Beilage kann dazu ein Reissalat gereicht werden.

Vanillenudeln mit Auberginen und Ingwerkrebs

Dieses ungewöhnliche Gericht geht auf Philip Britten, Michelin-Sterne-Koch im »Capital Hotel« in London-Knightsbridge, zurück. Anstelle des Krebsfleischs kann auch Hummer verwendet werden.

Für 4 Personen

- 1 Stück frischer Ingwer (7 cm), davon 2 cm geschält und fein gehackt
- 225 g Krebsfleisch
- 250 g kräftiges weißes Mehl (zum Brotbacken)
- 2 Eier
- ein paar Tropfen Vanillearoma
- 1 Vanilleschote, aufgeschnitten und ausgekratzt
- 5–6 EL mildes Olivenöl
- 1 Aubergine, in dünnen Scheiben
- 1 Tomate, gehäutet, entkernt und gehackt
- Salz und weißer Pfeffer

Zubereitungszeit: 30 Minuten

❶ Das größere Stück Ingwerwurzel mit der Schale grob reiben. Das Krebsfleisch in eine Schüssel füllen. Den geriebenen Ingwer in die Hand nehmen und den Saft über dem Krebsfleisch auspressen. Das Krebsfleisch darin eine Zeit lang marinieren.

❷ Das Mehl in eine Schüssel geben. Die Eier mit dem Vanillearoma und der echten Vanille verquirlen und von einer kleinen Mulde in der Mitte des Mehls aus unterrühren. Zu einem festen Teig verarbeiten und diesen ausgiebig kneten. Den Teig sehr dünn ausrollen (oder durch eine Pastamaschine drehen), bis er dünn genug ist, um daraus Spaghetti herzustellen. Die Pastastreifen über eine Stange oder einen mit Tuch abgedeckten Stuhlrücken hängen und trocknen lassen.

❸ Einen großen Topf mit Salzwasser zum Kochen bringen. Gleichzeitig das Öl in einer Pfanne erhitzen. Auberginenscheiben und gehackten Ingwer in die Pfanne geben und bei geringer Hitze braten, bis sie weich und leicht angebräunt sind. Die Spaghetti in das kochende Wasser geben und garen, bis sie an die Oberfläche schwimmen (1–2 Minuten). Die Spaghetti abgießen und trockenschütteln.

❹ Das Krebsfleisch mit der Marinade zu der Aubergine geben und 1 Minute erhitzen. Die Spaghetti hinzufügen und alles gut mischen. Schließlich die Tomate unterrühren und kurz vor dem Servieren mit Salz und Pfeffer abschmecken.

Gegrillte Lotte mit Auberginen in Weinsauce

Die Zubereitung dieses Gerichts ist einfacher, als es klingt. Schlagsahne eignet sich am besten zum Einkochen, kann aber nach Belieben durch saure Sahne oder Naturjoghurt ersetzt werden.

Für 3 Personen

- 600 g Lotte, in Filets zerteilt
- 2 EL Olivenöl
- 1 EL Butter und etwas Butter zum Einfetten
- 2 TL körniger Senf
- 4 Frühlingszwiebeln, in Ringen
- 1 kleine Aubergine, in dünnen Scheiben
- 100 ml trockener Weißwein
- 2–3 EL Fischfond oder Wasser
- 150 ml Sahne
- 3 EL frische Schnittlauchröllchen
- Salz und frisch gemahlener schwarzer Pfeffer

Zubereitungszeit: 35 Minuten

❶ Den Backofen auf 220 °C vorheizen. Die papierartige Haut des Fischs abziehen. Öl und Butter in einer großen Pfanne erhitzen und die Fischfilets darin von beiden Seiten kurz anbraten, dann herausnehmen und auf ein mit Butter eingefettetes Backblech legen. Die Filets mit dem Senf bestreichen und im Ofen etwa 15 Minuten backen.

❷ Frühlingszwiebeln und Auberginenscheiben in die Pfanne geben und kurz anbraten, bis die Auberginenscheiben die Flüssigkeit aufgenommen haben. Dann den Wein hinzugießen und so lange köcheln lassen, bis die Auberginenscheiben gar sind. Brühe oder Wasser und Sahne dazugießen und weiterköcheln lassen, bis die Flüssigkeit eingedickt ist. Den Schnittlauch hinzufügen und das Ganze nach Belieben mit Salz und Pfeffer abschmecken.

❸ Die Fischfilets in medaillongroße Stücke zerteilen und auf vorgewärmten Serviertellern anordnen. Mit etwas Sauce übergießen und zu Bratkartoffeln und gedämpften grünen Bohnen servieren.

Auberginen-Kabeljau-Auflauf

Zu diesem deftigen Auflauf mit mediterranen Aromen passen ein knackiger grüner Salat und knuspriges Brot zum Auftunken der Sauce.

Für 4 Personen

- Butter
- Olivenöl zum Braten
- 1 Aubergine, in Scheiben
- 1 große Zwiebel, in dünnen Ringen
- 1 Knoblauchzehe, durchgepresst
- 2 EL Kapern
- 50 g schwarze Oliven (möglichst aus der Provence), entsteint
- 400 g gehackte Tomaten (aus der Dose)
- 1 EL gemischte frische Kräuter (z. B. Petersilie, Oregano, Majoran), gehackt
- Salz und frisch gemahlener schwarzer Pfeffer
- 4 dicke Stücke Kabeljaufilet (à 175 g), gehäutet

Zubereitungszeit: 45 Minuten

❶ Den Backofen auf 200 °C vorheizen und eine Auflaufform mit Butter ausfetten.

❷ In einer großen Pfanne 2–3 EL Olivenöl erhitzen und die Auberginenscheiben darin leicht anbraten, bis sie weich, aber noch nicht braun geworden sind. Auf Küchenpapier abtropfen lassen. Eventuell etwas Öl nachgießen, dann die Zwiebelringe in die Pfanne geben und leicht anbräunen. Knoblauch, Kapern und Oliven einrühren, dann die Tomaten und Kräuter hinzufügen und nach Belieben mit Salz und Pfeffer würzen. Die Sauce etwa 5 Minuten köcheln lassen, bis sie etwas eindickt und die Zwiebelringe gar sind.

❸ Die Sauce in die Auflaufform gießen und die Kabeljaufilets hineinbetten. Den Fisch mit den Auberginenscheiben abdecken und ein paar Butterflöckchen darauf setzen. Die Auflaufform auf ein Backblech stellen, falls sie sehr voll ist und überkochen könnte. Den Auflauf etwa 20 Minuten backen, bis die Auberginenscheiben braun geworden sind. Sofort servieren.

Gefüllte Forellen mit Pinienkernen

Gefüllte Forellen lassen sich einfach in der Pfanne zubereiten und ergeben ein wunderbar leichtes Mittag- oder Abendessen.

Für 4 Personen

- 1 große Aubergine
- 2 Frühlingszwiebeln, gehackt
- 1 Knoblauchzehe, durchgepresst
- 1 EL Tomatenmark
- Salz und frisch gemahlener schwarzer Pfeffer
- 1 EL frischer Oregano oder frische glatte Petersilie, gehackt
- 1 EL frische Semmelbrösel (falls notwendig)
- 4 Forellen (à 250 g), ausgenommen und entschuppt
- 3 EL Butter
- 50 g Pinienkerne
- frische Petersilie, gehackt, zum Garnieren

Zubereitungszeit: 1 Stunde

❶ Die Aubergine auf dem Grill oder im heißen Backofen rösten, bis die Haut Blasen wirft und das Fleisch weich ist, dabei hin und wieder drehen. Mit einem feuchten Tuch abdecken und 10 Minuten abkühlen lassen, dann schälen und das Fleisch in grobe Stücke zerteilen.

❷ Die Auberginenstücke zusammen mit Frühlingszwiebeln, Knoblauch und Tomatenmark in den Mixer geben, nach Belieben mit Salz und Pfeffer würzen und zu einer glatten Paste verarbeiten. Den Oregano unterrühren. Falls die Aubergine sehr saftig war, muss eventuell 1 EL Semmelbrösel hinzugefügt werden, um die Paste ausreichend dickflüssig zu machen.

❸ Die Forellen von innen und außen leicht salzen und mit jeweils einem Viertel der Auberginenpaste füllen. Falls notwendig die Forellen mit hölzernen Cocktailspießchen zustecken.

❹ Die Butter in einer großen Pfanne zerlassen und die Forellen darin bei mäßiger Hitze je nach Größe von beiden Seiten jeweils 6–8 Minuten braten. Nach der Hälfte der Bratzeit der zweiten Seite die Pinienkerne in die Pfanne geben. Die Forellen auf eine Servierplatte legen und warm stellen. Die Pinienkerne unter Rühren weiter anbraten, bis sie goldbraun sind. Die Nüsse und den Bratsaft über die Forellen geben und das Ganze mit etwas frisch gehackter Petersilie garnieren.

Forellen mit Auberginen-Preiselbeer-Sauce

Bei diesem Rezept gleichen die Preiselbeeren den etwas fettigen Geschmack von Auberginen und Fisch aus.

FÜR 4 PERSONEN

- 4 EL Butter
- 2 EL Olivenöl
- 1 Aubergine, in Würfeln (6 mm)
- 4 Regenbogen- oder Bachforellen (à 250–275 g)
- 25 g getrocknete Preiselbeeren
- 3 Zitronenblätter, fein gehackt
- 2–3 EL saure Sahne
- Salz und frisch gemahlener schwarzer Pfeffer

Zubereitungszeit: 30 Minuten

❶ In einer großen Pfanne 3 EL Butter und 1 EL Öl erhitzen und die Auberginenwürfel darin 3–4 Minuten leicht anbräunen. Mit einem Schaumlöffel herausnehmen und in einer feuerfesten Form im Ofen warm stellen. Die restliche Butter und das restliche Öl in die Pfanne geben. Die Forellen darin bei nicht zu starker Hitze von beiden Seiten jeweils 5–6 Minuten anbraten, auf einen Teller legen und warm stellen.

❷ Die Auberginenwürfel wieder in die Pfanne geben und mit den Preiselbeeren und den Zitronenblättern verrühren. Nach 1–2 Minuten Kochzeit die saure Sahne hinzufügen. Weiter erhitzen, bis die Sahne sich verflüssigt hat, dann nach Belieben würzen. Den Fisch mit der Sauce servieren.

Geschmorte Tintenfischringe mit Auberginen

Viele Leute mögen Tintenfisch wegen seiner gummiartigen Konsistenz nicht. Geschmort wird er jedoch sehr zart und eignet sich besonders gut für chinesische Gerichte.

Für 3–4 Personen

- 3 EL Pflanzenöl
- 450 g Tintenfischringe (aus der Tiefkühltruhe), aufgetaut
- 1 Aubergine, in Scheiben
- 1 große grüne Paprikaschote, entkernt und in große Stücke zerteilt
- 1 große rote Paprikaschote, entkernt und in große Stücke zerteilt
- 350 g Chinakohlblätter, in Streifen
- 1 große Zwiebel, grob gehackt
- 2 EL Maisstärke
- 250 ml Wasser
- 100 ml Sherry
- 100 ml Sojasauce

Zubereitungszeit: 40 Minuten

❶ Das Öl im Wok (oder in einer dickbödigen Pfanne) erhitzen. Die Tintenfischringe darin 1–2 Minuten scharf anbraten, bis sie nicht mehr durchsichtig sind, dann mit einem Schaumlöffel herausnehmen.

❷ Die Auberginenscheiben in den Wok geben und leicht anbräunen, dabei eventuell etwas Öl nachgießen. Das übrige Gemüse hinzufügen. Die Maisstärke mit etwas Wasser verrühren und zusammen mit dem übrigen Wasser, Sherry und Sojasauce in den Wok geben. Unter ständigem Rühren aufkochen lassen, dann den Tintenfisch wieder dazugeben und gründlich mit dem Gemüse verrühren.

❸ Das Ganze zugedeckt etwa 15 Minuten köcheln lassen. Sofort servieren und dazu gekochten Reis oder Nudeln reichen.

Marinierter Schwertfisch mit Auberginenstreifen

Schwertfisch nimmt die Aromen einer Marinade sehr gut an; besonders Limettensaft verleiht ihm einen frischen Geschmack.

FÜR 4 PERSONEN

- 3 EL Olivenöl
- 4 Schwertfischsteaks (à 150 g), 1 cm dick
- 1 lange, schmale Aubergine, halbiert und in dünnen Streifen

MARINADE:

- geriebene Schale und Saft von 2 unbehandelten Limetten
- 3 EL fruchtiges Olivenöl
- 3 Frühlingszwiebeln, fein gehackt
- Salz und frisch gemahlener schwarzer Pfeffer
- 1 Knoblauchzehe, durchgepresst
- 1 EL frische Petersilie, gehackt

Zubereitungszeit: 20 Minuten
Zeit zum Marinieren: bis zu 4 Stunden

❶ Alle Zutaten für die Marinade in einer flachen Schüssel vermischen und die Schwertfischsteaks hineinlegen. 1–4 Stunden marinieren, dabei die Steaks ein- oder zweimal wenden.

❷ Das Öl in einer großen Pfanne erhitzen. Die Schwertfischsteaks abtropfen lassen und die Marinade aufheben. Den Fisch im heißen Öl von beiden Seiten jeweils 1–2 Minuten scharf anbraten, dann herausnehmen und warm stellen.

❸ Die Marinade in die Pfanne geben und leicht erhitzen. Die Auberginenstreifen hineingeben und köcheln lassen, bis sie weich und leicht angebräunt sind. Die Schwertfischsteaks mit Auberginenstreifen belegt und mit dem Bratsaft übergossen servieren.

Gefüllte Muscheln

Gefüllte Muscheln sind eine Spezialität aus Brüssel, wo sich einige Restaurants sogar auf diese Zubereitungsart spezialisiert haben. Am besten eignen sich große, fleischige Sorten wie Jakobs- oder Venusmuscheln.

Für 4 Personen

- 20 große Muscheln mit Schalenhälfte
- 4 EL Olivenöl
- 1 große Zwiebel, fein gehackt
- 1 rote Chilischote, entkernt und sehr fein gehackt
- 1 kleine Aubergine, sehr fein gehackt
- 2 Knoblauchzehen, durchgepresst
- Salz und frisch gemahlener schwarzer Pfeffer
- 50 g Vollkornbrotkrumen
- frische Petersilie, gehackt, zum Garnieren

Zubereitungszeit: 35 Minuten

❶ Den Backofen auf 220 °C vorheizen. Die Muscheln etwas von der Schale lösen und auf einem Backblech anordnen.

❷ Das Öl in einer großen Pfanne erhitzen. Zwiebel und Chili hineingeben und anbraten, bis sie weich zu werden beginnen, dann Aubergine und Knoblauch hinzufügen. Alles 5–6 Minuten garen, bis das Gemüse weich und leicht angebräunt ist. Kräftig mit Salz und Pfeffer würzen, dann die Brotkrumen dazugeben und gründlich unterrühren.

❸ Über jede Muschel 1 TL der Gemüsefüllung geben und das Ganze im Ofen 12–15 Minuten siedend heiß backen. Mit gehackter Petersilie garnieren und sofort auftragen.

Frittierter Fisch mit Auberginen-Couscous

Jede Art von festem weißem Fischfilet ist für dieses ungewöhnliche Rezept geeignet.

FÜR 4 PERSONEN

- 50 ml Olivenöl
- 1 Aubergine, in kleinen Würfeln (6 mm)
- 1 TL gemahlene Kurkuma
- ½ Gurke, in kleinen Würfeln
- 6 Frühlingszwiebeln, fein gehackt
- 40 g Pistazienkerne, grob gehackt
- 50 g getrocknete Aprikosen, fein gehackt
- 350 ml Gemüsebrühe
- 150 g Couscous
- Pflanzenöl zum Frittieren
- 1 Eiweiß
- 2 EL Sahne
- 150 g feines Vollkornmehl
- 1 TL Chilipulver
- 2 TL gemahlener Kreuzkümmel
- Salz und frisch gemahlener schwarzer Pfeffer
- 500 g weißes Fischfilet, in mundgerechten Stücken von 2 cm
- 1 TL Weißweinessig (falls gewünscht)
- Zitronenspalten zum Garnieren

Zubereitungszeit: 45 Minuten

❶ Das Olivenöl in einer Pfanne erhitzen. Die Auberginenwürfel darin mit der Kurkuma 3–4 Minuten anbraten, bis sie weich werden, dann in eine Schüssel füllen. Gurke, Frühlingszwiebeln, Pistazien und Aprikosen dazugeben.

❷ Die Brühe in einem kleinen Topf zum Kochen bringen und den Couscous hineingeben. Vom Herd nehmen und zugedeckt 20 Minuten quellen lassen.

❸ Das Frittieröl in einer großen Pfanne auf 190 °C erhitzen. In der Zwischenzeit das Eiweiß schaumig schlagen und mit der Sahne verrühren. Das Mehl auf einen Teller geben und mit Chili, Kreuzkümmel, Salz und Pfeffer mischen. Die Fischstücke zuerst ausgiebig in die Eimischung tauchen, dann in dem Gewürzmehl wenden.

❹ Die Fischstücke portionsweise etwa 3 Minuten frittieren, dann mit einem Schaumlöffel herausnehmen, auf Küchenpapier abtropfen lassen und warm stellen.

❺ Den Couscous mit der Gemüsemischung verrühren und gut würzen. Falls gewünscht 1 TL Weißweinessig hinzufügen. Fisch und Couscous zusammen servieren und mit Zitronenspalten garnieren.

Fisch-Mandel-Frikadellen mit Thai-Salat

Von der langen Zutatenliste sollte man sich nicht abschrecken lassen – das Gericht ist einfach zu kochen und schmeckt köstlich.

FÜR 4 PERSONEN (HAUPTGERICHT) ODER 8 PERSONEN (VORSPEISE)

- 125 g frische Semmelbrösel
- 3–4 EL Milch
- 1 EL Erdnussöl
- 4 Frühlingszwiebeln, in Ringen
- 500 g weiße Fischfilets, gehäutet und in kleinen Würfeln
- 1 Ei, verquirlt
- 1–2 EL frischer Koriander, gehackt
- 1 EL frische Petersilie, gehackt
- Salz und weißer Pfeffer
- 2–3 EL Mayonnaise
- 50 g gemahlene Mandeln
- 2–3 EL Olivenöl

SALAT:

- 2 lange, schmale Thai-Auberginen
- 1–2 scharfe Chilischoten, in dünnen Ringen und ggf. entkernt
- 4 Frühlingszwiebeln, in dünnen Ringen
- 2 EL Fischsauce
- Saft von 2 Zitronen
- ½ Stängel Zitronengras, in schmalen Streifen
- 2 frische Zitronenblätter, in schmalen Streifen (notfalls getrocknete verwenden)
- 2 EL Feinzucker
- 50 g Zuckerschoten, längs in dünne Streifen geschnitten
- 50 g Fingermais, längs in dünne Streifen geschnitten

Zubereitungszeit: 45 Minuten
Zeit zum Marinieren: 30 Minuten

❶ Zuerst den Salat zubereiten. Dazu die Auberginen auf dem Grill oder im heißen Backofen rösten, bis die Haut Blasen wirft und das Fleisch weich ist, dabei ein- oder zweimal drehen. Mit einem feuchten Tuch abdecken und 10 Minuten abkühlen lassen, dann schälen. Die Auberginen in große Stücke zerteilen und mit allen anderen Salatzutaten in eine große Schüssel geben. Umrühren und mindestens 30 Minuten marinieren lassen.

❷ Etwa 100 g Semmelbrösel einige Minuten in der Milch einweichen lassen, dann die Flüssigkeit herauspressen und die Milch weggießen. Das Erdnussöl in einer großen Pfanne erhitzen. Die Frühlingszwiebeln darin andünsten, aber nicht braun werden lassen. Mit einem Schaumlöffel herausnehmen und mit den eingeweichten Semmelbröseln in eine große Schüssel geben. Fischfilet, Ei, Koriander und Petersilie hinzufügen, nach Belieben würzen und gerade so viel Mayonnaise einrühren, wie notwendig ist, um die Mischung zu binden.

❸ Die restlichen Semmelbrösel auf einem flachen Teller mit den gemahlenen Mandeln vermischen. Die Fischmischung zu 8 Frikadellen formen und in der Brot-Mandel-Panade wenden. Die Panade gut andrücken, damit sie haften bleibt.

❹ Das Olivenöl in der Pfanne erhitzen. Die Fischfrikadellen hineingeben und von beiden Seiten jeweils 4–5 Minuten braten. Auf einem Bett aus Thai-Salat servieren und zusätzlich etwas Salatsauce auf die Teller geben.

Mediterraner Meeresfrüchteeintopf

Ein Meeresfrüchteeintopf kann teuer werden, sofern man ihn nicht frisch vom Fischmarkt einkaufen kann. Wenn man eine Aubergine dazugibt, kommt man mit weniger Fisch aus und verleiht dem Gericht außerdem einen angenehm süßlichen Geschmack.

Für 4 Personen

- 4 EL Olivenöl und etwas Öl zum Beträufeln
- 1 große Zwiebel, gehackt
- 1 große Aubergine, in Würfeln (mit 2 cm Seitenlänge)
- 250 g kochfertige Tintenfischringe
- 100 ml trockener Weißwein
- 400 g gehackte Tomaten (aus der Dose)
- 1 kg gemischte weiße Fischfilets, gehäutet und in Stücke zerteilt
- 450 ml Fischfond
- Salz und frisch gemahlener schwarzer Pfeffer
- 500 g Muscheln, abgebürstet und gesäubert
- geriebene Schale und Saft von 1 unbehandelten Zitrone
- 2 EL frische glatte Petersilie, gehackt
- warme Baguette oder Ciabatta als Beilage

Zubereitungszeit: 35 Minuten

❶ Das Öl in einem großen Topf erhitzen und die Zwiebel darin bei geringer Hitze etwa 4 Minuten andünsten. Aubergine und Tintenfischringe dazugeben und kurz anbraten, bis sie das Öl aufgesogen haben, dann den Wein und die Tomaten hinzufügen. Die Fischstücke einrühren und gerade so viel Fond dazugeben, dass der Fisch bedeckt ist. Mit Salz und Pfeffer würzen und langsam zum Kochen bringen. Zugedeckt 5–6 Minuten köcheln lassen, bis der Fisch gar ist, aber noch nicht auseinander fällt.

❷ Die Muscheln in den Topf geben, nochmals aufkochen und zugedeckt weitere 2–3 Minuten köcheln lassen, bis sich die Muscheln geöffnet haben. Nicht geöffnete Muscheln entfernen.

❸ Die Zitronenschale und den Saft sowie die Petersilie dazugeben, eventuell nochmals würzen. Die Suppe in Servierschüsseln füllen, jede Portion mit etwas Olivenöl beträufeln und mit Toastbrotscheiben oder Ciabatta servieren.

Lachs-Auberginen-Kedgeree

Kedgerees sind Reisgerichte mit Fisch und Eiern. Diese Variante verwendet außerdem Auberginen und Sultaninen; frischer Lachs sorgt für den farblichen Kontrast zum Gemüse.

Für 4 Personen

- 250 g Langkornreis
- Salz und frisch gemahlener schwarzer Pfeffer
- 225 g frisches Lachsfilet, gehäutet
- 50 g Butter
- 1 EL Currypaste
- 1 Zwiebel, in Ringen
- 1 Aubergine, in Scheiben
- 3 hart gekochte Eier, gehackt
- 3 EL Sultaninen

Zubereitungszeit: 35 Minuten

❶ Den Reis in reichlich kochendem Salzwasser 10–12 Minuten gar kochen. In ein Sieb geben und gut abtropfen lassen.

❷ Den Lachs in einem Topf mit leicht kochendem Wasser 4–5 Minuten pochieren, sodass er gerade eben gar ist, dann das Wasser abgießen und den Fisch etwas abkühlen lassen. Den Lachs in Stücke zerteilen und etwaige Knochen entfernen.

❸ Die Butter mit der Currypaste in einer großen Pfanne zerlassen. Zwiebel und Aubergine hineingeben und bei geringer Hitze etwa 5 Minuten weich braten. Eventuell etwas Butter ergänzen, damit das Gemüse nicht zu trocken wird. Die Temperatur niedrig halten, damit die Gewürze nicht anbrennen. Reis und Lachs hinzufügen, alles gründlich vermischen und noch 2 Minuten weitergaren.

❹ Die gehackten Eier und die Sultaninen dazugeben, das Ganze mit Salz und Pfeffer abschmecken und sofort servieren.

Rochen mit Auberginen und Butter

Die Aubergine verleiht diesem traditionellen Fischgericht das gewisse Etwas. Anstelle von Rochen können auch Seezunge oder Heilbutt genommen werden.

Für 4 Personen

- 50 g Butter
- 2 EL Olivenöl
- 1 kleine Aubergine, in kleinen Würfeln
- 1 Knoblauchzehe, durchgepresst
- 2 EL Kapern
- 4 Rochenfilets (à 250 g)
- Salz und frisch gemahlener schwarzer Pfeffer
- 1 EL frische Petersilie, gehackt
- 2 EL Zitronensaft

Zubereitungszeit: 20 Minuten

❶ Die Butter mit dem Öl in einer großen Pfanne erhitzen. Die Auberginenwürfel hineingeben und bei mäßiger Hitze 4–5 Minuten anbraten, bis sie weich und braun werden. Knoblauch und Kapern hinzufügen und 1 Minute mitgaren. Das Gemüse mit einem Schaumlöffel aus der Pfanne nehmen und warm stellen.

❷ Die Rochenfilets in die Pfanne geben und von beiden Seiten jeweils 3–4 Minuten braten, dabei nur dann mehr Butter benutzen, wenn es absolut unumgänglich wird. Das Gemüse kurz vor Ende der Garzeit wieder zum Fisch geben. Petersilie und Zitronensaft hinzufügen und das Ganze kräftig mit Salz und Pfeffer würzen.

❸ Die Rochenfilets auf Servierteller geben und mit der Auberginenbutter übergossen servieren.

Meeresfrüchteauflauf mit Auberginenkruste

Dieser herzhafte Fischauflauf kommt ohne Teig- oder Kartoffeldecke aus. Stattdessen bedeckt hier eine Auberginenkruste die Füllung aus Schalentieren und Schollenfilet. Ein wunderbares Gericht für den Sommer!

FÜR 4 PERSONEN

- 2 große Auberginen, der Länge nach in dünnen Scheiben von 6 mm geschnitten
- Salz und weißer Pfeffer
- 3 EL Butter und etwas Butter zum Einfetten
- 3 EL Mehl
- 450 ml Milch
- 100 ml trockener Weißwein
- 2 EL frische Schnittlauchröllchen
- 150 g Krabben (aus der Tiefkühltruhe), aufgetaut
- 150 g Muscheln (aus der Tiefkühltruhe), aufgetaut
- 250 g Schollen- oder Seezungenfilet, gehäutet und in kleine Stücke von 2 cm zerteilt
- 2–3 EL Olivenöl
- Paprikapulver zum Garnieren

Zubereitungszeit:
1 Stunde 10 Minuten

❶ Die Auberginenscheiben nebeneinander auf ein Backblech legen, mit Salz bestreuen und 30 Minuten stehen lassen, dann gründlich unter kaltem Wasser abspülen und mit Küchenpapier trockentupfen.

❷ Den Backofen auf 200 °C vorheizen. Die Butter in einer großen Pfanne bei mäßiger Hitze zerlassen, dann die Pfanne vom Herd nehmen und das Mehl einrühren. Die Schwitze 1 Minute lang kochen, dann wieder vom Herd nehmen und nach und nach die Milch einrühren. Den Wein hinzufügen und die Sauce langsam zum Kochen bringen. Leicht würzen, dann den Schnittlauch dazugeben und die Meeresfrüchte unterrühren. Das Ganze in eine ausgefettete Auflaufform gießen.

❸ Das Olivenöl in einer Pfanne erhitzen und die Auberginenscheiben darin portionsweise von beiden Seiten braun werden lassen, dabei falls notwendig Öl nachgießen. Den Auflauf mit einander überlappenden Auberginenscheiben abdecken.

❹ Den Auflauf im Ofen etwa 20 Minuten backen. Vor dem Servieren mit Paprikapulver bestreuen und als Beilagen Kartoffelpüree und grünes Gemüse anbieten.

Fleisch- und Geflügelgerichte

Lammcurry mit Auberginen 70

Auberginen-Lammfleisch-Spieße 71

Gefüllte Auberginen mit Lamm und Couscous 72

Rindfleischsuppe mit Auberginen 74

Fleischklößchen mit Auberginen-Tomaten-Sauce 75

Auberginengulasch 76

Gefüllte Auberginen mit Hackfleisch und Ei 76

Auberginen-Truthahn-Burger 77

Schinkenpastetchen mit Auberginen 78

Chop Suey mit Schweinefleisch und Auberginen 80

Auberginen mit Schweinefleisch und Pilzen 81

Rindfleisch-Auberginen-Biryani 82

Rinderschmorbraten mit Datteln und Auberginen 84

Auberginenragout 85

Hähnchenkasserolle mit Auberginen und Backpflaumen 86

Hühnerfleischmoussaka 87

Brathähnchen mit Auberginenfüllung 88

Frittierte Auberginen- und Hähnchenbruststreifen 89

Geflügelrisotto mit Auberginensauce 90

Wurstauflauf mit Auberginen 92

Lammcurry mit Auberginen

Sowohl Lammfleisch als auch Auberginen nehmen Aromen und Gewürze gut auf. Als Beilage können dazu Parathas (s. S. 120) gereicht werden.

FÜR 6 PERSONEN

- 100 ml Pflanzenöl oder Butterschmalz
- 2 Auberginen, in dünnen Scheiben
- 500 g Lammfleisch aus Schulter oder Keule (ohne Knochen), in Würfeln
- 50 g gepresste Kokoscreme, zerbröselt oder gehackt
- frische Korianderblätter, grob zerpflückt, zum Garnieren

CURRYPASTE:

- 2 große Zwiebeln, grob gehackt
- 4 Knoblauchzehen, grob gehackt
- 2 grüne Chilischoten, entkernt und gehackt
- 1 Stück frischer Ingwer (5 cm), geschält und grob gehackt
- 1 EL Currypaste oder -pulver
- 2 TL Salz
- 2 EL Tomatenmark

Zubereitungszeit:
1 Stunde 45 Minuten

❶ Alle Zutaten für die Currypaste im Mixer pürieren.

❷ Das Öl in einer großen Pfanne erhitzen und die Auberginenscheiben darin bei mittlerer Hitze 8–10 Minuten braten, bis sie weich und braun zu werden beginnen. Die vorbereitete Currypaste hinzufügen und 2–3 Minuten mitkochen, dann die Lammfleischwürfel einrühren. Bei eher starker Hitze 3–4 Minuten garen, bis das Fleisch angebräunt ist, dann die Kokoscreme hinzufügen. Das Ganze zugedeckt bei reduzierter Hitze etwa 1 Stunde köcheln lassen, dabei hin und wieder umrühren und falls notwendig etwas Wasser dazugeben, damit das Curry nicht anbrennt.

❸ Das Curry salzen, mit frischen Korianderblättern garnieren und sofort servieren. Dazu gekochten Reis oder Parathas (s. S. 120) reichen.

WISSENSWERTES

Zu scharf gewürzten Gerichten wie diesem eignen sich als Beilagen frische Salate (z. B. Gurkenscheiben mit Joghurtsauce) oder Gemüserohkost (z. B. Sellerie oder rote Paprika), die in kleinen Schälchen auf dem Tisch verteilt werden.

Auberginen-Lammfleisch-Spieße

Das saftige Lammfleisch lässt bei diesem Rezept die Auberginenscheiben nicht zu trocken werden; man kann dazu Reis reichen. Bei einer Party oder beim Grillen serviert man die Spieße am besten in warmem Pitta-Brot.

FÜR 4–6 PERSONEN

- 500 g Lammfleisch aus Schulter oder Keule (ohne Knochen), in Würfel mit 2 cm Seitenlänge zerteilt
- 1 große Aubergine, in Würfel mit 2 cm Seitenlänge zerteilt
- Salz, 12 Kirschtomaten

MARINADE:

- Schale und Saft von 1 Zitrone
- Schale und Saft von 1 Limette
- 1 EL frischer Koriander, gehackt
- 1 rote Chilischote, sehr fein gehackt
- Salz und schwarzer Pfeffer

SAUCE:

- 150 ml saure Sahne
- 150 ml Naturjoghurt
- 3 EL frische Schnittlauchröllchen
- 1 EL frische Petersilie, gehackt

Zubereitungszeit: 30 Minuten
Zeit zum Marinieren: 1 Stunde

❶ Das Lammfleisch in eine flache Schüssel geben. Alle Zutaten für die Marinade gut mischen und darüber gießen. Das Fleisch mindestens 1 Stunde marinieren lassen.

❷ Die Auberginenwürfel in ein Sieb geben und mit Salz bestreuen. Mindestens 30 Minuten stehen lassen. Mit kaltem Wasser abspülen und mit Küchenpapier trockentupfen. Die Zutaten für die Sauce gut mischen und in ein Servierschälchen füllen.

❸ Das Lammfleisch abtropfen lassen und die Marinade aufbewahren. Auf 12 Spießchen immer abwechselnd Kirschtomaten, Auberginen- und Lammfleischwürfel reihen, dabei etwas Abstand zwischen den Stücken lassen. Die Spieße auf dem Grill oder im Backofen 12–15 Minuten rösten, bis Fleisch und Aubergine braun und gar sind, dabei gelegentlich drehen und mit der Marinade bestreichen.

❹ Das Gericht mit den Spießen oder in warmem Pitta-Brot servieren. Jeweils einen Löffel Sauce dazugeben.

Gefüllte Auberginen mit Lamm und Couscous

Dieses sättigende Backofengericht benötigt als Beilage lediglich einen Salat. Couscous ist leicht zuzubereiten und eignet sich sehr gut zum Füllen von Gemüse.

Für 4 Personen

- 2 Auberginen
- Salz und schwarzer Pfeffer
- 300 ml Brühe
- 1 großzügige Prise Safran
- 175 g Couscous
- Samen von 6 grünen Kardamomschoten
- 1 TL gemahlener Ingwer
- 2 Knoblauchzehen
- 3 EL Olivenöl, eventuell etwas mehr
- 1 große Zwiebel, fein gehackt
- 250 g Lammfleisch, in kleinen Stücken
- 1 grüne Chilischote, entkernt, gehackt
- 100 g getrocknete Aprikosen, fein gehackt
- Butter zum Einfetten

Zubereitungszeit:
1 Stunde 20 Minuten

❶ Die Auberginen der Länge nach halbieren, dabei die Stielansätze nicht entfernen, damit die Hälften beim Kochen ihre Form behalten. Das Fruchtfleisch herauskratzen, sodass nur etwa 6 mm dicke Hüllen übrig bleiben. Die Hüllen mit etwas Salz bestreuen und 30 Minuten mit der Außenhaut nach oben auf Küchenpapier stehen lassen. Das Fruchtfleisch in mehrere kleine Stücke zerteilen.

❷ Die Brühe mit dem Safran aufkochen lassen, dann den Couscous hineingeben. Den Topf abdecken, vom Herd nehmen und 10 Minuten stehen lassen.

❸ Die Kardamomsamen mit Ingwer und Knoblauch im Mörser zu einer groben Paste zermahlen. Den Backofen auf 220 °C vorheizen.

❹ Das Öl in einer Pfanne erhitzen. Zwiebel und Gewürzpaste hineingeben und bei geringer Hitze weich werden lassen. Lammfleisch, Chili und Auberginenstücke dazugeben und scharf anbraten, bis das Fleisch braun ist, dabei eventuell etwas Öl nachgießen. Den Couscous und die gehackten Aprikosen einrühren und nach Belieben salzen und pfeffern.

❺ Die Auberginenhüllen gründlich unter kaltem Wasser abspülen und in eine ausgefettete feuerfeste Form legen. Den Pfanneninhalt in die Hüllen füllen und das Ganze mit eingefetteter Aluminiumfolie abdecken. Etwa 20 Minuten im Ofen backen, dann die Folie entfernen und weitere 10–15 Minuten in den Ofen geben, bis die Oberflächen braun werden. Mit einem gemischten grünen Salat servieren.

Rindfleischsuppe mit Auberginen

Diese scharf-würzige Suppe mit den Aromen des Fernen Ostens genießt man mit Brot als leichtes Mittag- oder Abendessen. Durch Zugabe von einem Löffel gekochtem Reis zu jeder Portion wird sie noch nahrhafter.

Für 4–6 Personen

- 125 g Suppenfleisch (ohne Knochen)
- 3 EL Erdnussöl
- 1 große Zwiebel, fein gehackt
- 1 kleine Aubergine, in kleinen Würfeln
- 1 scharfe rote Chilischote, entkernt und sehr fein gehackt
- 1 grüne Paprikaschote, entkernt und in dünnen Streifen
- 1 Stück frischer Ingwer (2 cm), geschält und in dünnen Scheiben
- 1 Stängel Zitronengras, fein gehackt
- 3 frische Zitronenblätter, in schmalen Streifen (notfalls getrocknete verwenden)
- 1,2 l Brühe
- Sojasauce und Salz (nach Belieben)

Zubereitungszeit:
1 Stunde 15 Minuten

❶ Das Rindfleisch in 1 cm breite Stücke zerteilen und daraus sehr dünne Streifen schneiden. Das Öl in einem großen Topf erhitzen und das Fleisch darin scharf anbraten, bis es von allen Seiten braun ist. Zwiebel, Aubergine, Chili, Paprika, Ingwer und Zitronengras hinzufügen und das Ganze zugedeckt 4–5 Minuten köcheln lassen.

❷ Die Zitronenblätter und die Brühe dazugeben und aufkochen, dann wieder zudecken und mindestens 1 Stunde köcheln lassen, bis alle Zutaten gar sind und die Aromen sich gut vermischt haben.

❸ Die Suppe nach Belieben mit Sojasauce und Salz abschmecken und heiß servieren.

Fleischklößchen mit Auberginen-Tomaten-Sauce

Die Fleischklößchen stellen eine willkommene Abwechslung zu Spaghetti mit Bolognese-Sauce dar. Sie sollten behutsam zubereitet werden, sonst zerfallen sie.

FÜR 4 PERSONEN

FLEISCHKLÖSSCHEN:

- 500 g Lammhackfleisch (oder anderes Hackfleisch)
- 6 Frühlingszwiebeln, fein gehackt
- 100 g frische Semmelbrösel
- 1 EL Tomatenmark
- ½ TL Kurkuma
- Salz und schwarzer Pfeffer
- 1 Ei, verquirlt
- frisch geriebener Parmesan als Beilage (falls gewünscht)

SAUCE:

- 3 EL Olivenöl
- 1 Aubergine, in kleinen Stücken
- 1 Zwiebel, in kleinen Würfeln
- 1 Knoblauchzehe, in dünnen Scheiben
- ½ TL Kurkuma
- 1 TL gemahlener Kreuzkümmel
- 400 g gehackte Tomaten (Dose)
- 1 Lorbeerblatt
- Salz, gemahlener schwarzer Pfeffer
- 8–10 frische Basilikumblätter, zerpflückt

Zubereitungszeit: 55 Minuten

❶ Alle Zutaten für die Fleischklößchen gut mischen und die Masse mit feuchten Händen zu walnussgroßen Klößchen formen.

❷ Für die Sauce das Öl in einer großen Pfanne erhitzen und die Auberginenstücke darin bei mittlerer Hitze goldbraun braten. Die Fleischklößchen zusammen mit Zwiebel, Knoblauch, Kurkuma und Kreuzkümmel dazugeben und von allen Seiten gründlich braun braten. Falls die Klößchen anzubrennen drohen, etwas Öl nachgießen.

❸ Die Tomaten und das Lorbeerblatt sowie Salz und Pfeffer hinzufügen und die Mischung aufkochen, dann etwa 20 Minuten köcheln lassen. Nochmals abschmecken und kurz vor dem Servieren das Basilikum dazugeben. Die Fleischklößchen zu Nudeln servieren und falls gewünscht mit Parmesan bestreuen.

Auberginengulasch

Eine gelungene Verbindung von Paprika und Aubergine.

Für 4–6 Personen

- 3 EL Olivenöl
- 1 große Zwiebel, fein gehackt
- 1 EL Kümmel
- 750 g Schweinefleisch aus Schulter oder Keule (ohne Knochen), in kleine Würfel von 2 cm zerteilt
- 2 EL edelsüßes Paprikapulver
- 1 grüne und 1 rote Paprikaschote, entkernt und in 4 cm großen Stücken
- 1 Aubergine, in 4 cm großen Stücken
- 2 Knoblauchzehen, in dünnen Scheiben
- 400 g gehackte Tomaten (Dose)
- 600 ml Brühe
- Salz und schwarzer Pfeffer

Zubereitungszeit: 2 Stunden 25 Minuten

❶ Den Backofen auf 160 °C vorheizen. Das Öl in einer Kasserolle erhitzen. Zwiebel und Kümmel darin bei geringer Hitze 5–6 Minuten anbraten, aber nicht braun werden lassen. Das Fleisch mit dem Paprikapulver bestreuen, in die Pfanne geben und bei etwas höherer Hitze anbräunen. Nicht zu stark erhitzen, weil sonst das Paprikapulver anbrennt.

❷ Paprika, Aubergine und Knoblauch hinzufügen und etwa 2 Minuten anbraten, bis sie weich zu werden beginnen. Tomaten und Brühe zum Gulasch geben und kräftig mit Salz und Pfeffer würzen. Die Kasserolle zugedeckt in den Ofen stellen und etwa 2 Stunden garen. Den Gulasch nochmals mit Gewürzen abschmecken und zu gekochtem Reis oder Nudeln servieren.

Gefüllte Auberginen mit Hackfleisch und Ei

Eine köstliche und originelle leichte Mahlzeit, zu der man am besten gekochten Reis, Pilau oder mit Safran gewürzten Couscous anbietet.

Für 4 Personen

- 2 Auberginen
- Salz, schwarzer Pfeffer, 2 EL Olivenöl
- 1 große Zwiebel, fein gehackt
- 500 g Lammhackfleisch (oder anderes Hackfleisch)
- 2 TL gemahlener Kreuzkümmel
- 1 TL gemahlener Piment
- 2 Knoblauchzehen, durchgepresst
- 1 EL Tomatenmark
- 2 hart gekochte Eier, grob gehackt
- 2 EL Kapern, abgespült
- Butter zum Einfetten

Zubereitungszeit: 1 Stunde

❶ Den Backofen auf 220 °C vorheizen. Die Auberginen der Länge nach mit Stielansatz halbieren. Fruchtfleisch herauskratzen. Die Hüllen mit Salz bestreuen und 30 Minuten mit der Außenhaut nach oben stehen lassen. Das Fleisch grob hacken.

❷ Das Öl in einer Pfanne erhitzen und die Zwiebel darin kurz anbraten. Hackfleisch, Kreuzkümmel, Piment und Knoblauch dazugeben und anbraten, bis das Fleisch braun ist. Das Tomatenmark unterrühren und das Ganze zugedeckt 10 Minuten köcheln lassen. Eier und Kapern hinzufügen und kräftig salzen und pfeffern. Die Auberginenhüllen abspülen und trockentupfen.

❸ Die Hüllen in eine ausgefettete Auflaufform legen, mit dem Pfanneninhalt füllen und mit Folie abgedeckt etwa 20 Minuten im Ofen garen.

Auberginen-Truthahn-Burger

Auch ein Burgerrezept soll in diesem Kochbuch nicht fehlen. Allerdings ist es ein besonderer Burger, der »auf italienische Art« zubereitet wird – mit Dolcelatte und Ciabatta-Brötchen. Die Auberginenscheiben sollten nicht in übermäßig viel Öl gebraten werden, weil sie sonst zu saftig werden.

FÜR 4 PERSONEN

- 4 Ciabatta-Brötchen
- 400 g mageres Truthahn- oder Hühnerfleisch (ohne Knochen), in Streifen geschnitten
- 4 Frühlingszwiebeln, grob gehackt
- 75 g Dolcelatte (oder anderer Blauschimmelkäse), zerkrümelt
- 4 halbe getrocknete Tomaten, grob gehackt
- 2 Knoblauchzehen
- Salz und frisch gemahlener schwarzer Pfeffer
- Olivenöl zum Braten
- 4 große, dicke Auberginenscheiben
- 4 Salatblätter
- Senf oder Mayonnaise als Beilage

Zubereitungszeit: 25 Minuten

❶ Die Brötchen im Backofen aufwärmen. Währenddessen das Fleisch mit Frühlingszwiebeln, Käse, Tomaten und Knoblauch im Mixer zu einer glatten Masse verarbeiten, diese mit Salz und Pfeffer würzen und zu 4 flachen Frikadellen formen.

❷ In einer großen Pfanne 1–2 EL Olivenöl erhitzen. Frikadellen und Auberginenscheiben darin von beiden Seiten jeweils 4–5 Minuten braten. Falls die Frikadellen am Pfannenboden haften bleiben, etwas Öl nachgießen.

❸ Die Brötchen durchschneiden und auf die untere Hälfte zuerst eine Auberginenscheibe, darauf eine Frikadelle und schließlich ein Salatblatt mit etwas Senf oder Mayonnaise legen. Mit der oberen Hälfte bedecken – und genießen!

Schinkenpastetchen mit Auberginen

Für dieses Gericht wird eine herzhafte Creme in mit Auberginenscheiben ausgelegte Töpfchen gefüllt. Dazu reicht man reichlich Salat und frischen Toast.

FÜR 4 PERSONEN

- 2 große Auberginen
- Salz und frisch gemahlener schwarzer Pfeffer
- 750 ml Milch
- 1 EL Butter
- 1 EL Mehl
- 2 TL Dijon- oder Pfeffersenf
- Olivenöl zum Braten und Einfetten
- 4 EL trockener Weißwein
- 1 TL Gelatinepulver
- 150 g gekochter Schinken, gehackt
- 150 ml Sahne
- 2 EL frische Petersilie, gehackt

Zubereitungszeit:
3 Stunden 30 Minuten

❶ Eine Aubergine in sehr dünne Scheiben schneiden. Die Scheiben nebeneinander auf ein Backblech legen, mit Salz bestreuen und 30 Minuten stehen lassen. Die andere Aubergine auf dem Grill oder im heißen Backofen rösten, bis die Haut Blasen wirft und das Fleisch weich ist, dabei ein- oder zweimal drehen. Mit einem feuchten Tuch abdecken und 10 Minuten abkühlen lassen, dann schälen.

❷ Milch, Butter und Mehl in einem Topf unter ständigem Rühren aufkochen lassen, bis die Mischung dickflüssig wird. Senf, Salz und Pfeffer hinzufügen, dann den Topf vom Herd nehmen, mit Wachspapier abdecken (damit sich keine Haut bildet) und kalt werden lassen.

❸ Die eingesalzene Aubergine unter kaltem Wasser gründlich abspülen und mit Küchenpapier trockentupfen. Etwas Öl in einer Pfanne erhitzen und die Auberginenscheiben darin portionsweise von beiden Seiten weich garen, dabei eventuell Öl nachgießen. Auf Küchenpapier abtropfen lassen und zum Abkühlen beiseite stellen.

❹ Den Wein in einem kleinen Topf erhitzen, bis Bläschen aufsteigen, dann vom Herd nehmen. Das Gelatinepulver darüber streuen und unter Rühren auflösen, dann 2–3 Minuten stehen lassen. 4 kleine Förmchen ausfetten und mit den Auberginenscheiben so auslegen, dass sie einander überlappen.

❺ Die andere Aubergine in Stücke zerteilen und zusammen mit dem Schinken mit dem Pürierstab oder im Mixer pürieren. Die Sahne steif und cremig schlagen. Sahne, Auberginen-Schinken-Masse und Milchsauce gut mischen und mit Pfeffer würzen (der Schinken sorgt für das Salz). Die Gelatine nochmals umrühren und mit der Hälfte der Petersilie unter die Schinkencreme heben.

❻ Die vorbereiteten Förmchen vorsichtig mit der Creme füllen und damit mehrmals hart auf die Arbeitsoberfläche klopfen, damit sich die Creme setzt. Die Förmchen mindestens 2 Stunden kalt stellen, dann auf Servierteller stürzen, mit der restlichen Petersilie bestreuen und mit Toast und Salat servieren.

Chop Suey mit Schweinefleisch und Auberginen

Dieses würzige chinesische Gericht besteht aus mariniertem Schweinefleisch und knackigem Pfannengemüse. Die Gemüsemischung kann nach Geschmack variiert werden. Wenn es schnell gehen muss, kann sie durch eine Tiefkühlpackung mit fertigem Pfannengemüse ersetzt werden. Dazu wird gekochter Reis gereicht.

Für 4 Personen

- 1 Lendenstück Schweinefilet (500 g)
- 600 g gemischtes Pfannengemüse, z. B. Sellerie, Karotten, Paprikaschoten, Zuckerschoten, Sojabohnenkeimlinge
- 1 Aubergine, der Länge nach halbiert, in dünnen Scheiben
- 4 EL Erdnussöl

Marinade:

- 1 Stück frischer Ingwer (5 cm), grob geraspelt
- 1–2 Knoblauchzehen, durchgepresst
- 1 EL Fünf-Gewürze-Pulver
- 1 grüne Chilischote, entkernt und sehr fein gehackt
- 4 EL Sojasauce
- 1 EL Chilisauce
- 1 EL Demerarazucker (brauner Rohrzucker)

Zubereitungszeit: 25 Minuten

Zeit zum Marinieren: 1 Stunde

❶ Das Fleisch von Fett und Sehnen befreien und in sehr dünne Streifen schneiden. Den Ingwer auspressen und den Saft mit den übrigen Zutaten für die Marinade vermischen. Die Fleischstreifen in die Marinade geben und gründlich damit überziehen. Mindestens 1 Stunde marinieren lassen und das Fleisch gelegentlich wenden.

❷ In der Zwischenzeit das Gemüse zum Braten vorbereiten, dazu alles in dünne Streifen von etwa 5 cm Länge zerteilen.

❸ Das Öl im Wok oder in einer großen, dickbödigen Pfanne stark erhitzen, dann das Schweinefleisch und die Auberginenscheiben hineingeben. Unter Rühren etwa 4 Minuten anbraten, bis beides rundum braun ist, dann das übrige Gemüse hinzufügen. Die restliche Marinade dazugießen und noch weitere 2–3 Minuten köcheln lassen, dann sofort servieren.

Auberginen mit Schweinefleisch und Pilzen

Falls erhältlich, können hierfür kleine violette oder gestreifte Auberginen verwendet werden. Eine frisch zubereitete Tomatensauce, die ebenfalls im Ofen gegart wird, stellt dazu die ideale Ergänzung dar.

FÜR 4 PERSONEN

- 4 kleine oder 2 große Auberginen
- Salz und schwarzer Pfeffer
- 4 EL Olivenöl
- 1 große Zwiebel, fein gehackt
- 4 Streifen nicht geräucherter Frühstücksspeck, gehackt
- 1 Knoblauchzehe, durchgepresst
- 250 g Schweinehackfleisch
- 1 TL Paprikapulver
- 125 g Pilze, 1 EL Tomatenmark
- 8–12 Basilikumblätter, zerpflückt
- etwas Brühe, Wein oder Wasser
- frisches Basilikum, gehackt, zum Garnieren

SAUCE:

- 8 reife Tomaten, halbiert
- 1 kleine Zwiebel, geviertelt
- 2 Knoblauchzehen
- 1 EL Demerarazucker (brauner Rohrzucker), Olivenöl zum Beträufeln

Zubereitungszeit:
1 Stunde 10 Minuten

❶ Den Backofen auf 240 °C vorheizen. Wenn runde Auberginen verwendet werden, die Deckel abschneiden und das Fruchtfleisch herauskratzen, sodass nur etwa 6 mm dicke Hüllen übrig bleiben. Ovale Auberginen zuvor halbieren. Die Hüllen leicht salzen und 20 Minuten mit der

Außenhaut nach oben auf Küchenpapier stehen lassen. Das Fruchtfleisch fein hacken.

❷ Das Öl in einer Pfanne erhitzen. Zwiebel, Speck und Knoblauch darin bei geringer Hitze etwa 5 Minuten anbraten. Hackfleisch und Paprikapulver dazugeben und scharf anbraten, bis das Fleisch braun ist, dann die Hälfte des Auberginenfleischs und die Pilze hinzufügen und weitere 2–3 Minuten garen.

❸ Tomatenmark, Basilikum, Salz und Pfeffer dazugeben. Falls notwendig etwas Brühe, Wein oder Wasser dazugießen, damit die Mischung nicht zu trocken wird, und das Ganze weiterköcheln lassen. Die Auberginenhüllen gründlich unter kaltem Wasser abspülen und abtropfen lassen. Die Hüllen mit dem Pfanneninhalt füllen, in eine ausgefettete Auflaufform legen und mit Aluminiumfolie abdecken.

❹ Tomaten, Zwiebel und Knoblauch für die Sauce mit dem restlichen Auberginenfleisch nebeneinander in eine Grillpfanne legen. Gut würzen, mit dem Zucker bestreuen und mit etwas Öl beträufeln. Die Zutaten für die Sauce oben, die gefüllten Auberginen unten im Ofen 35–40 Minuten backen, bis die Tomaten schwarz werden.

❺ Das Saucengemüse aus dem Ofen nehmen und etwas abkühlen lassen. Die Aluminiumfolie entfernen und die Auberginen wieder in den Ofen geben, bis die Sauce zubereitet ist. Das Saucengemüse mit Saft in den Mixer geben und pürieren. Das Püree mit einem Löffelrücken durch ein Sieb streichen, um eine glatte Sauce zu erhalten, und diese nach Belieben mit Salz und Pfeffer abschmecken. Die gefüllten Auberginen mit gehacktem Basilikum bestreuen und mit der Tomatensauce servieren.

Rindfleisch-Auberginen-Biryani

Dieses herzhafte indische Reisgericht eignet sich besonders gut für die zwanglose Bewirtung von Gästen, denn das meiste kann vorab zubereitet und später aufgewärmt werden.

Für 6 Personen

- 6 EL Butterschmalz oder Sonnenblumenöl
- 500 g Schmorbraten, in kleinen Stücken von 2 cm Seitenlänge, oder 500 g gekochte Rindfleischwürfel
- 2 Lorbeerblätter
- 350 g Basmatireis
- 2 große Zwiebeln, in dünnen Ringen
- 1 TL Currypaste
- 50 g Sultaninen
- 50 g gepresste Kokoscreme, fein gehackt

Currysauce:

- 2 Zwiebeln, grob gehackt
- 3 Knoblauchzehen, grob gehackt
- 1 grüne Chilischote, entkernt und gehackt
- 1 EL milde Currypaste
- 2 EL Tomatenmark
- 1 EL Demerarazucker (brauner Rohrzucker)
- 6 EL Butterschmalz oder Sonnenblumenöl
- 1 große Aubergine, in kleinen Würfeln
- 300 ml flüssige Sahne
- Salz
- 2–3 EL frischer Koriander, gehackt

Garnierung:

- 2 hart gekochte Eier, geviertelt
- 50 g blanchierte Mandeln, goldbraun geröstet
- 2–3 Tomaten, in Scheiben

Zubereitungszeit: 3 Stunden

❶ Den Backofen auf 160 °C vorheizen. 3 EL Butterschmalz oder Öl in einer feuerfesten Kasserolle erhitzen und den Schmorbraten darin bräunen, dann gerade so viel Wasser dazugießen, dass das Fleisch bedeckt ist. Die Lorbeerblätter dazugeben und aufkochen lassen. Die Kasserolle zudecken und für etwa 2 Stunden in den Ofen geben.

❷ Den Reis abspülen und in einem großen Topf mit kochendem Wasser aufkochen lassen. Umrühren und zugedeckt etwa 10 Minuten kochen, dann abgießen, abspülen und wieder abgießen.

❸ Für die Currysauce Zwiebeln, Knoblauch, Chili, Currypaste, Tomatenmark und Zucker mit dem Pürierstab oder im Mixer pürieren. Butter oder Öl in einer großen Pfanne erhitzen und die Auberginenwürfel darin anbraten, bis sie braun werden, dann die pürierte Sauce dazugeben und bei geringer Hitze 4–5 Minuten köcheln lassen. Die Sahne einrühren und kurz aufkochen lassen, dann nach Belieben salzen. Die Pfanne vom Herd nehmen und zum späteren Aufwärmen beiseite stellen.

❹ Das restliche Butterschmalz oder Öl im Wok oder in einer großen, dickbödigen Pfanne erhitzen und die Zwiebeln darin goldbraun anbraten. Die Hälfte mit einem Schaumlöffel herausnehmen, um sie zum Garnieren zu verwenden. Die Currypaste in die Pfanne geben und 1 Minute mitgaren, dann 3 EL Bratensaft oder Wasser hinzufügen und noch etwa 1 Minute kochen.

❺ Den Schmorbraten (bzw. die vorgekochten Rindfleischwürfel) abgießen und in die Pfanne geben. Unter Rühren braten, bis es gut erhitzt ist und die Flüssigkeit aufgesogen hat. Den gekochten Reis, die Sultaninen und die Kokoscreme in die Pfanne geben und das Ganze unter Rühren siedend heiß werden lassen. Die Currysauce langsam aufwärmen und den Koriander unterrühren.

❻ Das Biryani mit den vorbereiteten Eiern, Mandeln, Tomaten und Zwiebeln garnieren und mit der Currysauce servieren.

Rinderschmorbraten mit Datteln und Auberginen

Dies ist eine Variante des nordafrikanischen Eintopfs »Tagine«, der stets mit Zucker, Honig oder Früchten wie Datteln, Feigen, Pflaumen oder Aprikosen gesüßt wird.

FÜR 6 PERSONEN

- 5–6 EL Olivenöl
- 6 Scheiben Schmorbraten (à 250 g)
- 2 große Zwiebeln, in Ringen
- 2 Knoblauchzehen, in Scheiben
- 2 TL gemahlener Kreuzkümmel
- 1 TL Kurkuma
- 1 große Zimtstange, 6 Gewürznelken
- 400 g gehackte Tomaten (aus der Dose)
- Salz und schwarzer Pfeffer
- 150 g getrocknete Datteln, entsteint
- 400 ml Brühe
- 1 große Aubergine, in dünnen Scheiben

Zubereitungszeit:
4 Stunden 30 Minuten

❶ Den Backofen auf 160 °C vorheizen. 4 EL Olivenöl in einer großen, feuerfesten Kasserolle erhitzen und das Fleisch darin von beiden Seiten scharf anbraten, bis es braun ist. Mit einem Schaumlöffel herausnehmen und auf einen Teller legen.

❷ Falls notwendig etwas zusätzliches Öl in die Kasserolle gießen. Zwiebeln, Knoblauch und Gewürze hineingeben und anbraten, bis sie weich, aber noch nicht braun geworden sind. Die Tomaten einrühren. Das Gericht mit Salz und Pfeffer würzen und die Datteln dazugeben. Das Fleisch hinzufügen und von allen Seiten mit der Gemüsemischung bedecken. Ausreichend Brühe hineingießen, um das Fleisch zu bedecken. Die Kasserolle zudecken und etwa 2 Stunden in den Ofen geben, bis das Fleisch zart wird.

❸ Währenddessen die Auberginenscheiben in ein Sieb geben, mit reichlich Salz bestreuen und 45 Minuten stehen lassen, dann unter kaltem Wasser gründlich abspülen und mit Küchenpapier trockentupfen.

❹ Wenn das Fleisch zart ist, den Eintopf nochmals mit Gewürzen abschmecken. Die Auberginenscheiben darüber legen und großzügig mit Olivenöl bestreichen. Die Backofentemperatur auf 180 °C erhöhen und das Ganze ohne Deckel weitere 30–40 Minuten im Ofen garen, bis die Auberginenscheiben braun sind. Dazu einen Gurkensalat mit Joghurtsauce servieren.

Auberginenragout

Es gibt Spaghettisaucen – und es gibt üppige, aromatische Ragouts. Das im Folgenden beschriebene Gericht wird aus gemischtem Hackfleisch und Auberginen hergestellt. Dazu passen am besten Spaghetti, Tagliatelle oder andere glatte Nudelarten.

Für 6–8 Personen

- 4 EL Olivenöl
- 1 große Zwiebel, fein gehackt
- 1 Aubergine, in Stücken von 1 cm
- 250–300 g Rinderhackfleisch
- 250–300 g Schweinehackfleisch
- 250 g Hühnerleber, fein gehackt
- 150 ml Rotwein
- 800 g gehackte Tomaten (Dose)
- 1 EL Tomatenmark
- 2 Knoblauchzehen, in dünnen Scheiben, 2–3 Lorbeerblätter
- Salz und schwarzer Pfeffer
- frisch geriebener Muskat

Zubereitungszeit:
2 Stunden 25 Minuten

❶ Die Hälfte des Olivenöls in einer großen Pfanne erhitzen und die Zwiebel darin bei geringer Hitze 4–5 Minuten andünsten, bis sie weich und glasig wird. Das restliche Öl und die Aubergine hinzufügen und scharf anbraten, bis die Aubergine braun zu werden beginnt. Hackfleisch und Hühnerleber einrühren und bei relativ hoher Temperatur braten, bis das Fleisch rundum braun geworden ist.

❷ Den Wein dazugießen und das Ganze unter ständigem Rühren weiterköcheln lassen, bis der Wein nahezu verdampft ist. Die Hitze reduzieren und alle übrigen Zutaten dazugeben. Das Ragout wieder aufkochen lassen und 1 Stunde bei gemäßigter Hitze köcheln lassen. (Ersatzweise das Gericht bei 160 °C zugedeckt im Backofen garen.)

❸ Das Ragout nach Belieben würzen. Es kann als Nudelsauce zu Spaghetti verwendet oder als Sauce in einer Lasagne eingesetzt werden. Man kann auch einen Auflauf daraus machen.

Hähnchenkasserolle mit Auberginen und Backpflaumen

Dieses Geflügelgericht bedient sich der Aromen von Weinbrand, Zitronensaft und Lorbeer, kann aber auch zusätzlich mit Kreuzkümmel und Ingwer gewürzt werden.

Für 4 Personen

- 2 Auberginen
- 3 EL Olivenöl
- 4 Hähnchenbrustfilets
- 1 große Zwiebel, in dünnen Ringen
- 2 große Karotten, in Scheiben
- 150 ml Weinbrand
- geriebene Schale und Saft von 2 unbehandelten Zitronen
- 125 g Backpflaumen, entsteint
- Salz und schwarzer Pfeffer
- 2 große Lorbeerblätter
- 300 ml Geflügelbrühe
- Zucker
- frische Petersilie, gehackt, zum Garnieren

Zubereitungszeit:
1 Stunde 40 Minuten

❶ Den Backofen auf 160 °C vorheizen. Die Auberginen auf dem Grill oder im heißen Backofen rösten, bis die Haut Blasen wirft und das Fleisch weich ist, dabei ein- oder zweimal drehen. Mit einem feuchten Tuch abdecken und 10 Minuten abkühlen lassen, dann schälen. Das Fruchtfleisch grob hacken.

❷ In der Zwischenzeit das Öl in einer feuerfesten Kasserolle erhitzen und die Hähnchenbrustfilets darin von allen Seiten braun werden lassen. Zwiebel und Karotten dazugeben und bei geringer Hitze 3–4 Minuten mitbraten. Den Weinbrand in einer metallenen Suppenkelle erhitzen, bis er sich entzündet, dann über das Hühnerfleisch gießen. Die Kasserolle vom Herd nehmen und stehen lassen, bis die Flammen ausgegangen sind.

❸ Die Kasserolle wieder auf den Herd geben. Zitronenschale, Auberginenfleisch, Backpflaumen, Salz, Pfeffer und Lorbeerblätter hineingeben und gerade so viel Brühe dazugießen, dass das Fleisch bedeckt ist. Die Kasserolle aufkochen lassen, zudecken und 1 Stunde in den vorgeheizten Ofen geben, bis das Hähnchenfleisch zart und gar ist.

❹ Die Lorbeerblätter entfernen und den Zitronensaft dazugeben. Nach Belieben mit Gewürzen abschmecken und eventuell etwas Zucker hinzufügen. Das Gericht kurz vor dem Servieren mit gehackter Petersilie bestreuen. Dazu eignet sich als Beilage Kartoffelpüree.

Hühnerfleischmoussaka

Moussaka ist eines der klassischen Auberginengerichte; hier wird es in Form einer Geflügelvariante vorgestellt. Die Zwiebeln werden in der geschlossenen Pfanne im eigenen Saft gedämpft und benötigen dadurch weniger Öl.

Für 4–6 Personen

- 100 ml Olivenöl
- 2 große Zwiebeln, gehackt
- 500 g Hühnerfleisch (ohne Knochen), in kleinen Würfeln
- 1–2 Knoblauchzehen, durchgepresst
- 150 ml Rotwein
- 400 g gehackte Tomaten (Dose)
- 3 EL frischer Oregano, gehackt
- Salz und schwarzer Pfeffer
- 1 EL Tomatenmark
- 2 große Auberginen, in Scheiben
- Butter zum Einfetten

Käsekruste:

- 250 g Ricotta, 100 g Ziegenfrischkäse mit Knoblauch und Kräutern
- 150 ml Naturjoghurt

Zubereitungszeit:
1 Stunde 30 Minuten

❶ In einem Topf 2 EL Öl erhitzen und die Zwiebeln darin zugedeckt weich garen. Den Deckel entfernen. Hühnerfleisch und Knoblauch einrühren und scharf anbraten, bis das Fleisch seine Farbe verändert. Den Wein dazugießen und zur Hälfte einkochen lassen. Tomaten, 2 EL Oregano, Salz, Pfeffer und Tomatenmark hinzufügen und das Ganze 30–40 Minuten köcheln lassen, bis die Sauce cremig und dickflüssig ist.

❷ Den Backofen auf 220 °C vorheizen. 3–4 EL Öl in einer Pfanne erhitzen und die Auberginenscheiben darin portionsweise von beiden Seiten braun werden lassen, dabei eventuell Öl nachgießen. Die Scheiben mit einem Schaumlöffel herausnehmen und auf Küchenpapier abtropfen lassen.

❸ In eine ausgefettete Auflaufform immer abwechselnd eine Schicht Fleischsauce und eine Schicht Auberginen füllen und mit Auberginen abschließen. Käse und Joghurt zu einer Sauce verrühren, salzen und pfeffern. Den Auflauf damit bedecken, dann 25–30 Minuten im Ofen backen und mit Oregano bestreuen.

Brathähnchen mit Auberginenfüllung

Für dieses Gericht wird das Fleisch des Hähnchens vor dem Braten mit einer würzigen Auberginenpaste bestrichen, sodass es saftig bleibt.

Für 4–6 Personen
- 1 Aubergine
- Salz und schwarzer Pfeffer
- 2 Karotten, in Stücke zerteilt
- 1 Zwiebel, in 8 Keile zerteilt
- 2 große Zucchini, in Stücken
- 1 grüne Paprikaschote, entkernt und in große Stücke zerteilt
- 1 Knoblauchzehe, halbiert
- Olivenöl zum Beträufeln
- 1 Brathähnchen (1,5 kg)
- 1 Prise Kurkuma

Zubereitungszeit:
2 Stunden 20 Minuten

❶ Die Aubergine auf dem Grill oder im heißen Backofen rösten, bis die Haut Blasen wirft und das Fleisch weich ist, dabei ein- oder zweimal drehen. Mit einem feuchten Tuch abdecken und etwa 10 Minuten abkühlen lassen, dann schälen und das Fruchtfleisch mit Salz und Pfeffer zu einer glatten Masse verarbeiten.

❷ In der Zwischenzeit den Ofen auf 200 °C vorheizen. Das Gemüse und den Knoblauch in einen Bratentopf legen, leicht würzen und mit Olivenöl beträufeln. Vorsichtig die Haut des Hähnchens über der Brust lösen und die Brust mit Auberginenpaste bestreichen. Die Haut wieder in Position bringen. Das Hähnchen gut würzen und mit einer Prise Kurkuma bestreuen. Auf das Gemüse im Bratentopf setzen.

❸ Das Hähnchen etwa 1 Stunde im Ofen braten (es ist gar, wenn aus einem Einstich in der Keule nur noch klare Säfte fließen). Das Hähnchen herausnehmen, in Folie wickeln und vor dem Tranchieren 20 Minuten stehen lassen. Das Gemüse währenddessen weitere 20 Minuten in den Ofen geben.

❹ Das Hähnchen tranchieren oder in Portionen zerteilen und mit dem gebratenen Gemüse servieren.

Frittierte Auberginen- und Hähnchenbruststreifen

Zusammen mit einer Remouladensauce oder Mayonnaise und einem gemischten grünen Salat wird aus diesem Gericht eine wunderbare Mahlzeit für den Abend.

Für 4 Personen

- 1 Eiweiß
- 1 EL Sahne
- Pflanzenöl zum Frittieren
- 1 große Aubergine, in dünnen Streifen
- 2 große Hähnchenbrüste, in dünnen Streifen
- 3 EL Sesamkörner
- Salz
- Zitronenscheiben und Mayonnaise als Beilagen

Würzmehl:

- 50 g Vollkornmehl
- 2 TL gemahlener Zimt
- 2 TL Paprikapulver
- 1 TL Salz

Zubereitungszeit: 40 Minuten

❶ Das Mehl in einer flachen Schüssel mit Zimt, Paprikapulver und Salz vermischen. Das Eiweiß schaumig schlagen und mit der Sahne verquirlen.

❷ Das Frittieröl in einer großen Pfanne auf 190 °C erhitzen. Die Auberginen- und Hähnchenbruststreifen in die Sahnemischung tauchen, dann gründlich in dem gewürzten Mehl wenden.

❸ Die Streifen portionsweise im heißen Fett goldbraun frittieren, dann mit einem Schaumlöffel herausnehmen und auf Küchenpapier abtropfen lassen. Mit Sesamkörnern und Salz bestreuen und mit Zitronenscheiben und Mayonnaise servieren.

Geflügelrisotto mit Auberginensauce

Risottogerichte sind stets beliebt, und auch mit dieser Variante auf der Basis von saftigem Hühnerfleisch, rauchiger Aubergine und aromatischem Safran erntet man viel Anerkennung. Ein guter Risotto schmeckt cremig, wobei die Reiskörner in der Mitte noch Biss haben sollten. Eine köstliche Auberginensauce rundet das Ganze ab.

Für 4 Personen

- 1 große Aubergine
- 1 EL Zitronensaft
- 1 großzügige Prise Safranfäden
- 1,2 l Geflügelbrühe
- 3 EL Olivenöl
- 1 große Zwiebel, fein gehackt
- 2–3 Selleriestängel, in dünnen Ringen
- 2 Hähnchenbrustfilets, in kleinen Würfeln
- 2 Knoblauchzehen, in dünnen Scheiben
- 250 g Arborioreis
- 2 EL frische glatte Petersilie
- Salz und frisch gemahlener schwarzer Pfeffer
- 1 EL Tomatenmark oder Ketchup (falls gewünscht)
- 150 ml trockener Weißwein
- 2–3 Tomaten, gehäutet, entkernt und gehackt

Zubereitungszeit:
1 Stunde 10 Minuten

❶ Die Aubergine auf dem Grill oder im heißen Backofen rösten, bis die Haut Blasen wirft und das Fleisch weich ist, dabei ein- oder zweimal drehen. Mit einem feuchten Tuch abdecken und etwa 10 Minuten abkühlen lassen, dann schälen. Das Fleisch in eine Schüssel mit Wasser und 1 EL Zitronensaft geben (damit es sich nicht verfärbt) und beiseite stellen. Die Safranfäden in heißer Brühe einweichen lassen.

❷ Das Olivenöl in einer großen Pfanne erhitzen. Zwiebel und Sellerie darin bei mäßiger Hitze weich, aber nicht braun werden lassen, dann das Hähnchenfleisch dazugeben. Die Temperatur etwas erhöhen und das Fleisch garen, bis es rundum Farbe angenommen hat. Knoblauch und Reis hinzufügen und gut mit dem Bratensaft verrühren.

❸ Etwa ein Drittel der Brühe in die Pfanne geben, das Ganze aufkochen und unter häufigem Rühren köcheln lassen, bis die Brühe vollständig aufgesogen ist. Die Hälfte der restlichen Brühe dazugeben und den Vorgang wiederholen.

❹ Die Aubergine abgießen und mit den Händen so viel Flüssigkeit wie möglich herauspressen. Das Fleisch grob hacken und mit Petersilie, Salz und Pfeffer zu einer glatten Masse verarbeiten. Falls gewünscht 1 EL Tomatenmark oder Ketchup unterrühren.

❺ Den Wein und die restliche Brühe in den Risotto einrühren und die Flüssigkeit einkochen lassen, bis das Gericht cremig wird. Kurz vor Ende der Kochzeit die Tomatenstücke hinzufügen und nach Belieben mit Salz und Pfeffer würzen.

❻ Den Risotto auf vorgewärmten Tellern servieren und jeweils einen Löffel der Auberginensauce darüber geben.

Wurstauflauf mit Auberginen

Besonders gut schmeckt dieser Auflauf mit Rehfleischwurst, aber auch alle anderen würzigen Wurstarten können verwendet werden.

FÜR 4 PERSONEN

- 2 EL Olivenöl, 8 große Bratwürste
- 2 Scheiben geräucherter Speck, in Würfeln
- 1 große Zwiebel, fein gehackt
- 1 Karotte, in kleinen Würfeln
- 1–2 Knoblauchzehen, in Scheiben
- 150 ml Rotwein, 1 große Aubergine, in 1 cm große Stücke zerteilt
- 400 g gehackte Tomaten (Dose)
- 100 g Puylinsen, 1 EL Tomatenmark
- 300 ml Rindfleischbrühe
- Salz und schwarzer Pfeffer

Zubereitungszeit:
1 Stunde 15 Minuten

❶ Den Backofen auf 180 °C vorheizen. Das Öl in einer feuerfesten Kasserolle erhitzen und die Würste darin kurz anbraten, bis sie von allen Seiten braun sind. Speck, Zwiebel, Karotte und Knoblauch dazugeben und das Ganze zugedeckt 4–5 Minuten köcheln lassen.

❷ Den Rotwein dazugießen und bei starker Hitze fast einkochen, dann die übrigen Zutaten hinzufügen und nochmals zum Kochen bringen. Im Ofen zugedeckt 1 Stunde garen.

❸ Kräftig würzen und aus dem Topf servieren.

Gemüsegerichte

Auberginen und Paprika auf Sezuan-Art 94

Auberginen-Bulgur-Pilau 95

Chilieintopf mit Auberginen und Kidneybohnen 96

Auberginen-Mandel-Frikadellen 97

Auberginenröllchen mit Walnüssen und Käse 98

Gumbo mit gemischtem Gemüse 99

Auberginengemüse mit Knoblauch und Tomaten 100

Imam Bayaldi 100

Spaghetti mit Auberginen und Zucchini 102

Gemüsebraten 103

Gefüllte Auberginen mit Pilzen und Ei 104

Auberginen-Süßkartoffel-Curry 105

Linsenmoussaka 106

Auberginen-Nuss-Würstchen 108

Auberginen-Tomaten-Gratin 108

Auberginen-Tomaten-Galette 110

Wildreisauflauf mit Auberginen 111

Tortillas mit Auberginen-Chili-Füllung 112

Kichererbsen-Auberginen-Eintopf 114

Auberginen und Paprika auf Sezuan-Art

Das hier beschriebene Rezept kann als Hauptgericht mit gekochtem oder gebratenem Reis oder als Beilage zu Fleisch oder Fisch serviert werden.

FÜR 3–4 PERSONEN

- Erdnussöl zum Braten
- 1 große Aubergine, in 2 cm großen Stücken
- 2 Knoblauchzehen, durchgepresst
- 1 Stück frischer Ingwer (5 cm), geschält und sehr fein gehackt
- 1 Zwiebel, grob gehackt
- 2 grüne Paprikaschoten, entkernt und in 2 cm großen Stücken
- 1 rote Paprikaschote, entkernt und in 2 cm großen Stücken
- 1 scharfe rote Chilischote, entkernt und fein geraspelt
- 100 ml Gemüsebrühe
- 1 EL Zucker
- 1 TL Reis- oder Weißweinessig
- Salz und schwarzer Pfeffer
- 1 TL Maisstärke
- 1 EL helle Sojasauce
- Sesamöl zum Beträufeln

Zubereitungszeit: 25 Minuten

❶ Im Wok oder einer großen, dickbödigen Pfanne 3 EL Öl erhitzen und die Auberginenstücke darin unter Rühren 4–5 Minuten braten, bis sie braun zu werden beginnen. Dabei falls notwendig Öl nachgießen. Die Auberginenstücke mit einem Schaumlöffel herausnehmen und warm stellen.

❷ Etwas mehr Öl in den Wok oder die Pfanne geben. Knoblauch und Ingwer darin ein paar Sekunden anbraten, dann Zwiebeln, Paprika und Chili dazugeben. Das Ganze unter Rühren 2–3 Minuten braten. Die Aubergine sowie alle übrigen Zutaten hinzufügen und alles gut verrühren.

❸ Weiterhin unter Rühren braten, bis die Flüssigkeit zu einer dickflüssigen Sauce eingekocht ist. Das Gericht mit Gewürzen abschmecken und eventuell etwas Salz oder Sojasauce ergänzen. Mit Sesamöl beträufelt servieren.

Auberginen-Bulgur-Pilau

Das Kochen mit Bulgurweizen ist ein Vergnügen, weil er stets seine körnige Konsistenz und den nussartigen Geschmack behält. Die Kombination aus Aubergine, Fenchel und Paprika ist bei diesem Gericht besonders überzeugend.

Für 4 Personen

- 2–3 EL Olivenöl
- 1 große Zwiebel, gehackt
- 1 Fenchelknolle, geputzt und in Scheiben
- 1 Aubergine, in großen Würfeln
- 1 grüne Paprikaschote, entkernt und gehackt
- 250 g Bulgurweizen
- 400 g gehackte Tomaten (Dose)
- 700 ml Gemüsebrühe
- Salz und frisch gemahlener schwarzer Pfeffer

Zubereitungszeit: 35 Minuten

❶ Das Öl in einer großen Pfanne erhitzen. Zwiebel und Fenchel darin anbraten, bis sie weich zu werden beginnen. Aubergine und Paprika einrühren und etwa 1 weitere Minute anbraten, dann den Bulgur dazugeben. Tomaten und Brühe hinzufügen und das Ganze zum Kochen bringen.

❷ Den Pilau 15–20 Minuten köcheln lassen, bis die Flüssigkeit aufgesogen ist, kräftig mit Salz und Pfeffer würzen und mit einem knackigen grünen Salat servieren.

Chilieintopf mit Auberginen und Kidneybohnen

Auberginen eignen sich hervorragend für einen Chilieintopf auf Gemüsebasis. Dieses Gericht ist recht scharf gewürzt, kann aber durch Reduzierung des Chilipulvers milder gestaltet werden. Als Beilagen eignen sich Tortillachips und ein Avocado-Dip.

FÜR 4 PERSONEN

- 3 EL Erdnussöl
- 1 große Zwiebel, gehackt
- 2 TL Chilipulver
- 1 TL gemahlener Kreuzkümmel
- 1 große Aubergine, in 1 cm großen Stücken
- 1–2 Knoblauchzehen, durchgepresst
- 1 große Zimtstange
- 2 Lorbeerblätter
- 700 g pürierte Tomaten oder dickflüssiger Tomatensaft
- Salz und frisch gemahlener schwarzer Pfeffer
- 400 g rote Kidneybohnen mit Saft (aus der Dose)
- gekochter Reis als Beilage
- saure Sahne und frische Korianderblätter zum Garnieren

Zubereitungszeit: 50 Minuten

❶ Das Öl in einem großen Topf erhitzen. Zwiebel, Chilipulver und Kreuzkümmel hineingeben und bei geringer Hitze 4–5 Minuten anbraten, bis die Zwiebel weich, aber noch nicht braun geworden ist. Die Temperatur darf auf keinen Fall zu hoch sein, damit die Gewürze nicht anbrennen.

❷ Aubergine und Knoblauch dazugeben und 1–2 Minuten anbraten, dann Zimt, Lorbeerblätter und pürierte Tomaten oder Tomatensaft hinzufügen. Das Ganze mit Salz und Pfeffer würzen und aufkochen, dann zugedeckt bei reduzierter Hitze etwa 10 Minuten köcheln lassen. Die Kidneybohnen mit Saft in den Topf geben und den Eintopf weitere 10 Minuten köcheln lassen. Die Zimtstange und die Lorbeerblätter entfernen.

❸ Den Chilieintopf nochmals nach Belieben mit Gewürzen abschmecken. Auf einem Reisbett servieren und mit einem großen Löffel saurer Sahne und frischem Koriander garnieren.

Auberginen-Mandel-Frikadellen

Diese köstlichen kleinen Bratlinge schmecken am besten mit einem knackigen Salat und einer Portion Remouladensauce oder Tomatenketchup.

Für 4 Personen

- 1 große Aubergine
- 150 ml Milch, 1 EL Butter
- 1 gehäufter EL feines Vollkornmehl und etwas Mehl für die Hände
- Salz und schwarzer Pfeffer
- 4 Frühlingszwiebeln, fein gehackt
- 1 EL frischer Oregano, gehackt
- 50 g gemahlene Mandeln
- 100 g frische Vollkornsemmelbrösel
- 100 ml Olivenöl, 2 Eier, verquirlt
- 75 g geröstete Vollkornsemmelbrösel (bei eigener Herstellung wird eventuell mehr benötigt)
- Remouladensauce und Salat als Beilagen

Zubereitungszeit:
1 Stunde 15 Minuten

❶ Die Aubergine auf dem Grill oder im heißen Backofen rösten, bis die Haut Blasen wirft und das Fleisch weich ist, dabei ein- oder zweimal drehen. Mit einem feuchten Tuch abdecken und 10 Minuten abkühlen lassen, dann schälen und das Fruchtfleisch grob hacken.

❷ Milch, Butter und Mehl unter ständigem Rühren zusammen aufkochen lassen, bis die Mischung dickflüssig wird. 1–2 Minuten köcheln lassen, dann nach Belieben würzen und in eine große Schüssel gießen. Das Auberginenfleisch mit Frühlingszwiebeln und Oregano vermischen und in die Sauce geben. Mandeln und Semmelbrösel dazugeben und nochmals würzen. Das Ganze zu einer dickflüssigen Masse verarbeiten. Daraus mit bemehlten Händen 8 Frikadellen formen.

❸ Das Öl in einer großen Pfanne erhitzen. Jede Frikadelle zuerst in das verquirlte Ei tauchen, dann in den Semmelbröseln wenden und die Panade gut anpressen. Die Frikadellen in die Pfanne geben und von beiden Seiten jeweils 4–5 Minuten braten. Sofort auftragen, dazu Salat und Remouladensauce reichen.

Auberginenröllchen mit Walnüssen und Käse

Wenn dieses farbenfrohe vegetarische Gericht Gästen serviert werden soll, kann man es im Voraus zubereiten und im Kühlschrank aufbewahren.

FÜR 4 PERSONEN

- 1 große Aubergine, der Länge nach in 8 Scheiben zerteilt
- Salz und frisch gemahlener schwarzer Pfeffer
- Olivenöl zum Braten
- 1 große Zwiebel, grob gehackt
- 1 EL frische Petersilie
- 100 g Walnussstücke
- 100 g Champignons, grob gehackt
- 75 g Vollkornsemmelbrösel
- Butter zum Einfetten
- 400 g gehackte Tomaten (Dose)
- 75 g geriebener Cheddar

Zubereitungszeit:
1 Stunde 40 Minuten

❶ Die Auberginenscheiben nebeneinander auf ein Backblech legen, mit reichlich Salz bestreuen und mindestens 30 Minuten stehen lassen. Gründlich unter kaltem Wasser abspülen und mit Küchenpapier trockentupfen.

❷ Den Backofen auf 190 °C vorheizen. In einer großen Pfanne 2–3 EL Olivenöl erhitzen und die Auberginenscheiben darin von beiden Seiten anbraten, bis sie weich werden, dann herausnehmen und auf einen Teller legen.

❸ Zwiebel, Petersilie, Walnüsse und Champignons in den Mixer geben und sehr fein hacken. 1–2 weitere EL Öl in der Pfanne erhitzen und die Mischung darin bei geringer Hitze 2–3 Minuten anbraten. Die Semmelbrösel einrühren und das Ganze kräftig mit Salz und Pfeffer würzen.

❹ Die Auberginenscheiben mit der Nussmischung belegen, aufrollen und mit hölzernen Cocktailspießchen zusammenstecken. Die Röllchen in eine ausgefettete Auflaufform legen und leicht würzen. Die gehackten Tomaten darüber gießen und den geriebenen Käse darüber streuen.

❺ Die Auberginenröllchen etwa 40 Minuten im Ofen backen, bis der Käse angebräunt und das Auberginenfleisch gar ist.

Gumbo mit gemischtem Gemüse

Gumbo ist ein traditionelles Gericht der amerikanischen Südstaaten auf der Basis von Okra und Gewürzen. Zumeist ist auch Fleisch oder Fisch enthalten, auf die aber für diese vegetarische Variante verzichtet wurde.

Für 4 Personen

- 100 ml Olivenöl
- 2 große Zwiebeln, gehackt
- 1 rote und 1 grüne Paprikaschote, entkernt und in 1 cm großen Stücken
- 1 scharfe Chilischote, entkernt und in dünnen Ringen
- 2 Knoblauchzehen, in Scheiben
- 500 g Okra, in dünnen Scheiben
- 400 g gehackte Tomaten (Dose)
- 2 EL Butter, 3 EL Mehl
- 2 TL Chilipulver
- 1 TL gemahlener Kreuzkümmel
- 850 ml Gemüsebrühe
- 4–5 Zweige frischer Thymian
- Salz und schwarzer Pfeffer
- 1 Aubergine, grob gehackt
- 1 lange Aubergine, in Scheiben
- gekochter Reis als Beilage

Zubereitungszeit:
1 Stunde 40 Minuten

❶ In einer großen Pfanne 3 EL Öl erhitzen und die Zwiebeln darin anbraten, bis sie weich, aber noch nicht braun geworden sind. Paprika, Chili, Knoblauch und Okra dazugeben und bei sehr geringer Hitze 5 Minuten anbraten. Die Tomaten hinzufügen und das Ganze zugedeckt etwa 15 Minuten köcheln lassen.

❷ In der Zwischenzeit die Butter in einer großen, feuerfesten Kasserolle zerlassen. Das Mehl und die Gewürze hineingeben und bei geringer Hitze langsam aufkochen lassen. Die Kasserolle vom Herd nehmen und nach und nach Brühe und Thymian einrühren, dann langsam wieder zum Kochen bringen. Die Sauce 1–2 Minuten aufkochen lassen. Mit Pfeffer und Salz würzen und die Gemüsemischung hineingeben. Die Kasserolle zudecken und bei mäßiger Hitze etwa 30 Minuten köcheln lassen. Das restliche Öl in einer großen Pfanne erhitzen und die gehackte Aubergine darin goldbraun braten, dann in die Kasserolle geben und weitere 15 Minuten köcheln lassen.

❸ Die Auberginenscheiben ebenfalls in der Pfanne braten, dabei eventuell Öl nachgießen. Das Gumbo mit Salz und Pfeffer abschmecken und mit den Auberginenscheiben garniert servieren.

Auberginengemüse mit Knoblauch und Tomaten

Ein einfach zu kochendes Rezept für Tage, an denen die Zeit knapp bemessen ist.

FÜR 2 PERSONEN

- 1 Aubergine, in Scheiben
- 1 große Zwiebel, in Ringen
- 1–2 TL Paprikapulver
- 5 EL Olivenöl, 4 Knoblauchzehen
- 8 halbe getrocknete Tomaten mit 2 EL Öl, in dünnen Streifen
- Salz und schwarzer Pfeffer
- 2–3 EL frische Petersilie, gehackt

Zubereitungszeit: 30 Minuten

❶ Auberginenscheiben und Zwiebelringe im Paprikapulver wälzen. Das Öl in einer großen Pfanne erhitzen. Aubergine und Zwiebel darin 3–4 Minuten anbraten. Den Knoblauch dazugeben und 2–3 Minuten mitbraten, dann die Tomaten mit 2 EL von ihrem Öl hinzufügen.

❷ Unter Rühren 8–10 Minuten braten, bis die Aubergine gar ist und Zwiebelringe und Knoblauch leicht karamellisiert sind. Gut würzen und vor dem Servieren die Petersilie einrühren.

Imam Bayaldi – *der Imam fiel in Ohnmacht*

Der Name dieses Gerichts leitet sich von der Legende ab, dass ein Imam (ein hoher geistlicher Würdenträger im Islam) von dem köstlichen Aroma schier überwältigt wurde.

FÜR 4 PERSONEN

- 4 große Auberginen
- Salz, 150 ml fruchtiges Olivenöl
- Saft von 1 Zitrone, 1 TL Feinzucker
- 600 ml dickflüssiger Tomatensaft
- frische Petersilie, gehackt, zum Garnieren

FÜLLUNG:

- 225 g Tomaten, gehäutet und gehackt
- 1 große Zwiebel, fein gehackt
- 3 EL frische Petersilie, gehackt
- Salz und frisch gemahlener schwarzer Pfeffer
- 1 TL gemahlener Zimt

Zubereitungszeit: 2 Stunden 30 Minuten
Kühlzeit: 2 Stunden

❶ Die Auberginen in Abständen von 1 cm einschneiden und von jeder zweiten »Scheibe« die Haut abschälen. In ein Sieb geben, salzen und mindestens 30 Minuten stehen lassen, dann abspülen und abtrocknen.

❷ Alle Zutaten für die Füllung miteinander vermischen. Die Auberginen der Länge nach aufschneiden und die Füllung hineingeben. Mit der aufgeschnittenen Seite nach oben in eine Bratpfanne mit Deckel legen.

❸ Die Auberginen mit Öl und Zitronensaft übergießen und mit dem Zucker bestreuen. Gerade so viel Tomatensaft darüber geben, dass die Auberginen bedeckt sind. In der zugedeckten Pfanne etwa 1 Stunde schmoren lassen, bis die Auberginen gar sind. Alternativ die Auberginen 1 Stunde bei 160 °C in den Backofen geben.

❹ Das Gericht mit Salz und Pfeffer würzen und vollständig abkühlen lassen. Mindestens 1 Stunde kalt stellen und mit der Tomatensauce übergossen zu einem Reissalat oder zu grünem Salat servieren.

Imam Bayaldi

Spaghetti mit Auberginen und Zucchini

Dieses einfache Rezept überrascht durch die Zugabe von Pinienkernen und Auberginenscheiben.

FÜR 4 PERSONEN

- Olivenöl zum Braten
- 40 g Pinienkerne
- 1 große Aubergine, in Scheiben
- 450 g Spaghetti
- 2 große Zucchini, in Scheiben
- 1–2 Knoblauchzehen, durchgepresst
- 1 EL Basilikumblätter, zerpflückt
- 1 EL frische Petersilie, gehackt
- Salz und frisch gemahlener schwarzer Pfeffer
- frisch geriebener Parmesan als Beilage

Zubereitungszeit: 30 Minuten

❶ Einen großen Topf mit Salzwasser zum Kochen bringen. In einer großen Pfanne etwas Öl erhitzen und die Pinienkerne darin goldbraun braten. Mit einem Schaumlöffel herausnehmen und beiseite stellen, dann Öl nachgießen und die Auberginenscheiben in der Pfanne anbraten, bis sie weich und braun werden.

❷ Die Spaghetti in das kochende Wasser geben, aufkochen und gemäß Packungsanweisung bissfest kochen.

❸ Zucchini und Knoblauch zu den Auberginenscheiben geben und weitere 8–10 Minuten braten, bis das gesamte Gemüse weich gekocht ist und eine goldbraune Farbe angenommen hat.

❹ Die Spaghetti abgießen und zusammen mit den zuvor vermischten Kräutern in die Pfanne geben. Nach Belieben mit Salz und Pfeffer abschmecken und die Pinienkerne unterrühren. Mit geriebenem Parmesan bestreuen und sofort servieren.

WISSENSWERTES

Frisch hergestellte Teigwaren brauchen etwa 2–3 Minuten Kochzeit, während getrocknete bis zu 12 Minuten benötigen können. Zum Kochen sollte stets eine ausreichende Menge Wasser und reichlich Salz – etwa ½ TL auf 1,2 l kochendes Wasser – zur Verfügung stehen.

Gemüsebraten

Zu diesem köstlichen Gemüsebraten mit Auberginen passt am besten eine Tomaten- oder Pilzsauce oder ein Löffel würziges Obst-Chutney.

FÜR 6 PERSONEN

- 150 g Naturreis, 3–4 EL Olivenöl
- 1 große Aubergine, in dicken Scheiben
- 1 große Zwiebel, 2 Zucchini
- 2 Knoblauchzehen, durchgepresst
- 150 g Vollkornbrotkrumen
- 1 Ei, verquirlt
- 75 g geriebener Cheddar
- Salz und schwarzer Pfeffer
- Butter zum Einfetten

Zubereitungszeit:
1 Stunde 40 Minuten

❶ Den Reis in einem Topf mit kochendem Wasser gemäß Packungsanweisung gar kochen, dabei kein Salz zugeben. In ein Sieb geben und abtropfen lassen.

❷ Den Backofen auf 190 °C vorheizen. In einer großen Pfanne 1–2 EL Olivenöl erhitzen und die Auberginenscheiben darin garen, dann herausnehmen und abkühlen lassen.

❸ Zwiebel und Zucchini fein raspeln und in einer Pfanne mit 2 EL Öl bissfest garen, dann zusammen mit Reis, Knoblauch, Brotkrumen, Ei und Käse in eine große Rührschüssel füllen. Nach Belieben würzen und alles gründlich vermischen.

❹ Eine große Kuchenform (etwa 18 × 9 × 7 cm) ausfetten und den Boden mit Backpapier auslegen. Mit der Hälfte der Auberginenscheiben den Boden der Form auslegen und die Hälfte der Reismischung hineingeben. Die zweite Auberginenschicht darauf legen und den restlichen Reis in die Form füllen. Fest zusammenpressen und mit eingefetteter Aluminiumfolie abdecken.

❺ Den Gemüsebraten im Ofen etwa 40 Minuten backen. Die Aluminiumfolie entfernen und den Braten mit einem stumpfen Messer aus der Form lösen. Auf eine vorgewärmte Servierschüssel stürzen und scheibenweise servieren.

Gefüllte Auberginen mit Pilzen und Ei

Diese Rezeptvariante besitzt ein köstlich frisches Aroma und enthält wenig Fett. Falls gewünscht kann es jedoch mit einer Petersiliensauce angereichert werden.

Für 4 Personen

- 2 große Auberginen
- 2 EL Olivenöl
- 1 große Zwiebel, gehackt
- 125 g Champignons (oder andere Pilze), grob gehackt
- 350 ml Gemüsebrühe
- 2 EL Tomatenmark
- 2 hart gekochte Eier, grob gehackt
- 1 EL frische glatte Petersilie, gehackt
- Salz und frisch gemahlener schwarzer Pfeffer

Zubereitungszeit:
1 Stunde 10 Minuten

❶ Die Auberginen der Länge nach halbieren, dabei die Stielansätze nicht entfernen, damit die Hälften beim Kochen ihre Form behalten. Das Fruchtfleisch herauskratzen, sodass nur etwa 6 mm dicke Hüllen übrig bleiben. Die Hüllen mit etwas Salz bestreuen und 30 Minuten mit der Außenhaut nach oben auf Küchenpapier stehen lassen. Das Fruchtfleisch grob hacken.

❷ Den Backofen auf 200 °C vorheizen. Das Öl in einer Pfanne erhitzen und die Zwiebel darin anbraten, bis sie weich, aber noch nicht braun geworden ist. Die Pilze dazugeben und 1 Minute mitbraten. Auberginenfleisch, Brühe und Tomatenmark einrühren, aufkochen und ohne Deckel etwa 20 Minuten köcheln lassen.

❸ Die Auberginenhüllen unter kaltem Wasser abspülen, gut abtropfen lassen und in eine Auflaufform legen. Wenn die Auberginenstücke gar sind und die Mischung zu einer dickflüssigen Sauce eingekocht ist, Ei und Petersilie hinzufügen und nach Belieben mit Salz und Pfeffer würzen.

❹ Die Füllung auf die vier Auberginenhüllen verteilen und etwas kochendes Wasser in die Auflaufform gießen. Das Gericht mit Aluminiumfolie abdecken und etwa 30 Minuten im Ofen backen, bis die Hüllen weich geworden sind. Sofort servieren und als Beilage grünes Gemüse wie z. B. Brokkoli, Zucchini oder Erbsen reichen.

Auberginen-Süßkartoffel-Curry

Dieses sehr reichhaltige Hauptgericht kann auch als Beilage zu Fleisch- oder Fischcurrys gereicht werden.

Für 4 Personen

- 2 TL Kreuzkümmelsamen
- 1 EL Senfkörner
- 3 EL Butterschmalz oder Sonnenblumenöl
- 500 g kleine Süßkartoffeln, geschält und in 1 cm großen Stücken
- 1 große Zwiebel, in dünnen Ringen
- 2 Knoblauchzehen, in dünnen Scheiben
- 1–2 TL Chilipulver
- 1 TL Kurkuma
- 1 große Aubergine, in 1 cm großen Stücken
- 1 EL Mohnsamen
- 250 ml Wasser oder Gemüsebrühe
- 2 TL Salz
- 1 EL frische Korianderblätter, zerpflückt

Zubereitungszeit: 1 Stunde

❶ Eine große Pfanne bei mittlerer Hitze heiß werden lassen. Kreuzkümmel und Senfkörner darin etwa 30 Sekunden rösten, bis sie duften und zu springen beginnen. Auf einen Teller geben und abkühlen lassen.

❷ Das Butterschmalz oder Öl in der Pfanne erhitzen und die Kartoffelstücke darin 3–4 Minuten anbraten, bis sie weich werden. Zwiebel, Knoblauch, Chilipulver und Kurkuma dazugeben und 1–2 Minuten mitbraten, dann die Auberginenstücke mit den gerösteten Gewürzen und den Mohnsamen hinzufügen. Wasser oder Brühe und Salz einrühren und das Ganze zugedeckt bei reduzierter Hitze 30–45 Minuten köcheln lassen, bis das Gemüse gar ist.

❸ Das Curry nach Belieben mit Gewürzen abschmecken und mit den Korianderblättern garniert servieren.

Linsenmoussaka

Diese fleischlose Variante des Auberginenklassikers ist sättigend, steckt voller Ballaststoffe – und schmeckt ausgezeichnet!

FÜR 4–6 PERSONEN

- Olivenöl zum Braten
- 1 große Zwiebel, gehackt
- 2 Knoblauchzehen, durchgepresst
- 1 grüne Paprikaschote, entkernt und gehackt
- 2 EL Olivenöl
- 175 g rote Linsen
- 150 ml Rotwein
- 400 g gehackte Tomaten (aus der Dose)
- Salz und frisch gemahlener schwarzer Pfeffer
- 1 EL frischer Oregano, gehackt
- 2 große Auberginen, in Scheiben
- 600 ml Milch
- 4 EL Butter und etwas Butter zum Einfetten
- 4 EL Mehl
- 75 g geriebener Cheddar

Zubereitungszeit:
1 Stunde 15 Minuten

❶ Den Backofen auf 220 °C vorheizen. In einem großen Topf 3 EL Öl erhitzen. Zwiebel, Knoblauch und Paprika darin weich braten, dann Linsen, Rotwein und Tomaten dazugeben. Das Ganze zum Kochen bringen, mit Salz, Pfeffer und Oregano würzen und etwa 20 Minuten köcheln lassen, bis die Linsen weich geworden sind. Etwas Wein oder Brühe nachfüllen, falls die Sauce zu trocken erscheint.

❷ Währenddessen in einer großen Pfanne 2–3 EL Öl erhitzen und die Auberginenscheiben darin von beiden Seiten anbraten, dabei eventuell Öl nachgießen. Die Scheiben auf Küchenpapier abtropfen lassen und das in der Pfanne verbliebene Öl zur Linsensauce geben.

❸ Milch, Butter und Mehl unter ständigem Rühren zusammen aufkochen lassen, bis die Mischung dickflüssig wird. Noch 1 weitere Minute kochen, um den Mehlgeschmack abzuschwächen, dann vom Herd nehmen. Bis auf 2 EL den gesamten Käse unterrühren und das Ganze nach Belieben mit Salz und Pfeffer würzen.

❹ In einer ausgefetteten Auflaufform immer abwechselnd Linsensauce und Auberginenscheiben schichten und mit Auberginen abschließen. Die Käsesauce darüber gießen und den restlichen Käse darüber streuen. Etwa 30 Minuten im Ofen backen und dann sofort auftragen.

Auberginen-Nuss-Würstchen

Die Nüsse geben diesen vegetarischen Würstchen Biss. Das Gericht darf nicht bei zu starker Hitze zubereitet werden, weil die Nüsse sonst anbrennen.

FÜR 4 PERSONEN

- 1 Aubergine
- 125 g Instantkartoffelpüree
- Salz und schwarzer Pfeffer
- 6 Frühlingszwiebeln, sehr fein gehackt
- 2 EL frischer Oregano oder frische Petersilie, gehackt
- 125 g gemischte Nüsse
- etwas Mehl für die Hände
- 3–4 EL Olivenöl

Zubereitungszeit: 1 Stunde 10 Minuten

❶ Die Auberginen auf dem Grill oder im heißen Backofen rösten, bis die Haut Blasen wirft und das Fleisch weich ist, dabei ein- oder zweimal drehen. Mit einem feuchten Tuch abdecken und 10 Minuten abkühlen lassen, dann schälen.

❷ Das Kartoffelpüree gemäß Packungsanweisung zubereiten und mit Salz und Pfeffer würzen. Die Aubergine im Mixer pürieren und zusammen mit Frühlingszwiebeln, Kräutern und Nüssen unter das Kartoffelpüree heben. Die Masse mit bemehlten Händen zu 8 dicken Würstchen formen.

❸ In einer Pfanne 2–3 EL Olivenöl erhitzen und die Würstchen darin bei mäßiger Hitze von allen Seiten braun braten. Dazu eine Roquefort-sauce oder ein Chutney servieren.

Auberginen-Tomaten-Gratin

Die Kartoffeln sorgen dafür, dass dieses Gericht sehr reichhaltig und sättigend ist.

FÜR 4 PERSONEN

- Olivenöl zum Braten
- 2 große Auberginen, in Scheiben
- 1 große Zwiebel, gehackt
- 500 g Kartoffeln, in dicken Scheiben
- 2 Knoblauchzehen, in Scheiben
- Salz und schwarzer Pfeffer
- 8 reife Tomaten, in Scheiben
- 150 ml Gemüsebrühe
- 75 g gemischter geriebener Käse (Cheddar, Blauschimmelkäse, Mozzarella)
- 50 g frische Semmelbrösel

Zubereitungszeit: 55 Minuten

❶ In einer großen Pfanne 2–3 EL Öl erhitzen und die Auberginenscheiben darin von beiden Seiten leicht anbräunen, dann mit einem Schaumlöffel herausnehmen. Zwiebel und Kartoffelscheiben mit etwas mehr Öl in die Pfanne geben und braten, bis sie weich werden. Den Knoblauch einrühren und nach Belieben würzen. Auberginen- und Tomatenscheiben hinzufügen und die Brühe dazugießen. Das Ganze zugedeckt etwa 30 Minuten köcheln lassen, bis das Gemüse gar ist, dann nochmals mit Gewürzen abschmecken.

❷ Das Gemüse mit beliebig viel Kochsaft in eine ausgefettete Auflaufform geben. Den geriebenen Käse mit den Semmelbröseln mischen und darüber streuen. Das Gratin unter den heißen Grill geben, bis der Käse geschmolzen und angebräunt ist, dann sofort servieren.

Auberginen-Tomaten-Gratin

Auberginen-Tomaten-Galette

Obwohl hier die Zutaten für ein vollwertiges Hauptgericht berechnet werden, kann die Galette auch einer größeren Zahl von Personen als Vorspeise dienen. Es erfordert einige Vorbereitungszeit, die jedoch im Voraus erledigt werden kann.

FÜR 4 PERSONEN

- Butter zum Einfetten
- 6 Eier, verquirlt
- 50 ml Milch
- Salz und frisch gemahlener schwarzer Pfeffer
- 1 große Aubergine, in Scheiben
- Olivenöl zum Braten
- 4 Tomaten, in Scheiben
- 1–2 Knoblauchzehen, in dünnen Scheiben
- 125 g Mozzarella, in dünnen Scheiben

SAUCE:

- 150 ml saure Sahne
- 150 ml dickflüssiger Naturjoghurt
- 2 EL frische Schnittlauchröllchen
- geriebene Schale und Saft von ½ unbehandelten Zitrone

Zubereitungszeit:
1 Stunde 10 Minuten

❶ Den Backofen auf 200 °C vorheizen und eine runde Auflaufform mit demselben Durchmesser wie die Omelettpfanne mit Butter ausfetten. Die Eier mit der Milch und etwas Salz und Pfeffer verquirlen und daraus 3 nicht zu dünne Omeletts herstellen. Die Omeletts auf Küchenpapier stapeln und beiseite stellen. (Wenn man die Oberseite der Omeletts kurz unter den heißen Grill gibt, muss man sie in der Pfanne nicht wenden!)

❷ In einer Pfanne 2–3 EL Olivenöl erhitzen und die Auberginenscheiben darin garen, bis sie leicht angebräunt sind, dabei eventuell Öl nachgießen. Ein Omelett in die Auflaufform legen, mit der Hälfte der Auberginenscheiben belegen und leicht würzen, dann mit der Hälfte der Tomatenscheiben und dem Knoblauch abdecken. Das Ganze nochmals würzen und ein Drittel des Mozzarellas darauf schichten. Den Vorgang wiederholen und mit einem mit Mozzarella belegten Omelett abschließen.

❸ Das Ganze 20–25 Minuten im Ofen backen, bis das Gericht siedend heiß und der Mozzarella geschmolzen und angebräunt ist.

❹ In der Zwischenzeit alle Zutaten für die Sauce gut mischen. Den Auflauf in Viertel zerteilen und mit der Sahnesauce übergossen servieren.

Wildreisauflauf mit Auberginen

Bei diesem Rezept liefert der Wildreis den Hintergrund für eine Füllung aus Auberginenscheiben und saftigem Gemüse.

Für 4 Personen

- 6 EL Olivenöl
- 1 große Zwiebel, fein gehackt
- 1–2 Knoblauchzehen, durchgepresst
- 1 große Karotte, fein gehackt
- 1 grüne Paprikaschote, entkernt und gehackt
- 175 g Wildreis
- 400 g gehackte Tomaten (Dose)
- 250 ml Gemüsebrühe
- 2 große Auberginen, in dicken Scheiben
- Salz und schwarzer Pfeffer
- 1 EL frischer Oregano, gehackt
- 100 g weicher Ziegenkäse, zerkrümelt (falls gewünscht)

Zubereitungszeit:
1 Stunde 20 Minuten

❶ In einer Pfanne 2 EL Öl erhitzen. Zwiebel und Knoblauch darin anbraten, bis sie weich, aber noch nicht braun geworden sind. Die Karotte dazugeben und etwa 2 Minuten mitbraten, dann Paprika und Wildreis einrühren. Tomaten und Brühe dazugießen, aufkochen und das Ganze zugedeckt etwa 50–60 Minuten köcheln lassen, bis der Reis gar ist.

❷ In der Zwischenzeit 3–4 EL Öl erhitzen und die Auberginenscheiben darin von beiden Seiten kurz anbraten. (Nur Öl nachgießen, wenn es unbedingt nötig wird, da dies ansonsten ein sehr fettarmes Rezept ist.) Den Backofen auf 190 °C vorheizen.

❸ Die Hälfte der Auberginenscheiben in einer Auflaufform schichten. Die Reismischung mit Salz und Pfeffer würzen und den gehackten Oregano unterrühren. Die Mischung in die Auflaufform füllen und mit den restlichen Auberginenscheiben abdecken. Nochmals würzen und falls gewünscht mit dem Ziegenkäse bestreuen. Etwa 20 Minuten im Ofen backen und mit einem frischen grünen Salat servieren.

Wissenswertes

Wildreis, der nur in Amerika geerntet wird, ist der Samen einer wildwachsenden Grasart. Er hat einen ungewöhnlichen nussartigen Geschmack und kann einem Gericht das gewisse Etwas verleihen.

Tortillas mit Auberginen-Chili-Füllung

Weizenmehltortillas sind sehr einfach zu handhaben und lassen sich mit nahezu jeder Kombination von Zutaten in ein schnelles Tex-Mex-Gericht verwandeln. Gehackte Frühlingszwiebeln oder Avocados können hierbei als zusätzliche Salatgarnitur angeboten werden.

FÜR 4 PERSONEN

- 1 große Aubergine, in 1 cm großen Stücken
- 1 Zwiebel, fein gehackt
- 1 TL Chilipulver
- 5 EL Erdnussöl
- 1 grüne Chilischote, entkernt und gehackt
- 1 Knoblauchzehe, fein gehackt
- 50 g Pekannüsse, grob gehackt
- 8 Weizenmehltortillas

ALS BEILAGEN:

- geriebener Cheddar
- Salatstreifen
- saure Sahne
- gehackte Tomaten

Zubereitungszeit: 25 Minuten

❶ Die Auberginen- und Zwiebelstücke im Chilipulver wälzen. Das Öl in einer großen Pfanne erhitzen. Aubergine und Zwiebel darin bei mäßiger Hitze etwa 5 Minuten von allen Seiten anbraten. Chilischote, Knoblauch und Pekannüsse dazugeben und das Ganze weitere 5 Minuten braten, bis das Gemüse durch und durch gar ist.

❷ In der Zwischenzeit die Tortillas gemäß Packungsanweisung im Ofen oder in der Mikrowelle aufwärmen.

❸ Auf jede Tortilla ein Achtel der Gemüsemischung geben und mit geriebenem Käse, Salatstreifen, einem Löffel saurer Sahne und Tomatenwürfeln krönen. Die Tortillas vor dem Servieren zusammenfalten und zu handlichen »Tütchen« aufrollen.

Kichererbsen-Auberginen-Eintopf

Zu diesem Gemüseeintopf, der mit Sesammus und einer fruchtigen Sauce verfeinert wird, serviert man am besten Knoblauchbrot und einen grünen Blattsalat.

FÜR 4 PERSONEN

- 175 g Kichererbsen, über Nacht eingeweicht
- 50 ml Olivenöl
- 1 große Zwiebel, in dünnen Ringen
- 2 Auberginen, in Scheiben
- geriebene Schale und Saft von 1 unbehandelten Zitrone
- 1–2 Knoblauchzehen, in dünnen Scheiben
- 250 ml trockener Weißwein
- 450 ml Gemüsebrühe
- Salz und schwarzer Pfeffer
- 2 Lorbeerblätter
- 4 EL gemischte frische Kräuter, z. B. glatte Petersilie, Majoran, Oregano, Estragon, gehackt
- 4 EL Tahin (Sesammus)

SAUCE:

- 1 unbehandelte Orange
- 2 Tomaten, gehackt, ½ Gurke, gehackt
- 1 rote Zwiebel, fein gehackt
- 1 EL frische Petersilie, gehackt

Zubereitungszeit: 1 Stunde 50 Minuten (zusätzlich Einweichen der Kichererbsen über Nacht)

❶ Das Einweichwasser abgießen und die Kichererbsen gründlich mit kaltem Wasser abspülen. In einen Topf geben, mit Wasser bedecken und aufkochen. 10 Minuten bei starker Hitze kochen lassen, dann die Temperatur reduzieren und weiterköcheln lassen.

❷ In der Zwischenzeit das Öl in einem großen Topf erhitzen. Zwiebel und Auberginen darin weich braten, bis sie braun zu werden beginnen, dabei kein zusätzliches Öl nachgießen. Die Kichererbsen abgießen und zusammen mit Zitronenschale, Knoblauch, Wein und Gemüsebrühe in den Topf geben. Das Ganze gut umrühren, mit Salz und Pfeffer würzen und aufkochen, dann zugedeckt etwa 1 Stunde köcheln lassen, bis die Kichererbsen gar sind.

❸ Währenddessen die Sauce vorbereiten. Dazu die Orange dünn schälen und die Schale in eine Schüssel geben. Das Fruchtfleisch von den weißen Häuten befreien und in kleine Würfel zerteilen. Zusammen mit den übrigen Saucenzutaten in die Schüssel geben und umrühren. Die Sauce nach Belieben mit Salz und Pfeffer abschmecken und etwas stehen lassen.

❹ Das Tahin in den Eintopf einrühren und diesen nochmals kräftig würzen. Das Gericht in tiefen Tellern servieren und jeweils 1–2 EL der Orangensauce darüber geben.

Saucen und Beilagen

Auberginen-Fenchel-Sauce 116

Mango-Chutney mit Auberginen 117

Eingelegte Auberginen mit Minze 118

Mexikanische Auberginen-Tomaten-Sauce 119

Scharfe Auberginensauce 119

Parathas mit Auberginenfüllung 120

Auberginensauce auf indische Art 122

Orangensauce mit Auberginen 123

Warme Auberginen-Zucchini-Sauce 123

Walnussbrot mit Auberginenfüllung 124

Auberginen-Muskat-Eiscreme 126

Auberginen-Fenchel-Sauce

Diese Gemüsesauce, die in Einmachgläsern sehr dekorativ aussieht, stammt aus der arabischen Küche. Die Aromen von Fenchel und Aubergine harmonieren miteinander und bilden von der Konsistenz her einen angenehmen Kontrast.

ERGIBT CA. 2 KG

- 1 kg schmale junge Auberginen, halbiert und in 5 cm großen Stücken
- Salz
- 2 EL Koriandersamen
- 2 EL Fenchelsamen
- 350 ml fruchtiges Olivenöl
- 1 Fenchelknolle, in dünnen Scheiben
- feines Meersalz
- 2 EL schwarze Pfefferkörner
- 100 ml Rotweinessig

Zubereitungszeit: 15 Minuten
Zeit zum Einsalzen: 1 Stunde

❶ Die Auberginenstücke in ein Sieb geben, mit Salz bestreuen und mindestens 1 Stunde stehen lassen, dann gründlich unter kaltem Wasser abspülen und mit Küchenpapier trockentupfen.

❷ Eine große Pfanne bei mäßiger Hitze heiß werden lassen. Die Samen von Koriander und Fenchel darin etwa 30 Sekunden rösten, bis sie zu duften beginnen und braun werden, dann auf einen Teller geben und abkühlen lassen.

❸ In der Pfanne 100 ml Olivenöl erhitzen. Auberginenstücke und Fenchelscheiben darin etwa 5 Minuten anbraten, bis die Auberginenstücke angebräunt sind. Mit einem Schaumlöffel herausnehmen und auf Küchenpapier abtropfen lassen.

❹ Auberginenstücke und Fenchel in vorgewärmte Einmachgläser füllen, dabei jede Schicht mit Salz, den gerösteten Samen und schwarzen Pfefferkörnern bestreuen. Die Gemüsestücke mit dem Löffelrücken fest zusammendrücken.

❺ Das in der Pfanne verbliebene Öl mit dem Rotweinessig mischen und genügend Öl hinzufügen, um das Gemüse in den Gläsern mit der Mischung zu bedecken (auf einen Teil Essig sollten dabei etwa 2 Teile Öl kommen). Die Einmachgläser gut verschließen und vor dem Servieren etwa 1 Woche an einem kalten, dunklen Ort lagern. Die Sauce innerhalb von 4–6 Wochen verbrauchen und nach dem Öffnen stets im Kühlschrank aufbewahren.

Mango-Chutney mit Auberginen

Dieses süß-scharfe Chutney ist eine ideale Ergänzung zu Currygerichten, kann aber auch zu einer Mahlzeit mit Brot und Käse gereicht werden.

Ergibt 4 Schüsseln à 450 g

- 4 kleine Mangos mit festem, aber reifem Fleisch, geschält und in kleinen Stücken
- 2 Auberginen, in 2 cm großen Stücken
- 1 EL grobes Meersalz
- 2–3 Knoblauchzehen, durchgepresst
- 2 scharfe rote Chilischoten, fein gehackt
- 75 g frischer Ingwer, fein gehackt
- 1 EL Chilipulver
- 600 ml Malzessig
- 900 g Demerarazucker (brauner Rohrzucker)

Zubereitungszeit:
1 Stunde 10 Minuten
Zeit zum Einsalzen: 1 Stunde

❶ Die Mango- und Auberginenstücke in ein Sieb geben, leicht salzen und etwa 1 Stunde stehen lassen, dann gründlich unter kaltem Wasser abspülen und abtropfen lassen.

❷ Die Mango- und Auberginenstücke zusammen mit allen anderen Zutaten in einen großen Topf geben. Langsam zum Kochen bringen und 45–60 Minuten köcheln lassen, bis das Chutney zu einer dickflüssigen, noch saftigen Sauce eingekocht ist.

❸ Das Chutney in vorgewärmte Schüsseln füllen, dabei gut zusammendrücken und die Behältnisse verschließen und beschriften. Vor dem Genuss 3–4 Wochen reifen lassen.

Eingelegte Auberginen mit Minze

Ein nach diesem Rezept gefülltes Einmachglas gibt ein delikates und dekoratives Geschenk ab. Die Auberginen müssen vollständig von Öl bedeckt sein.

Ergibt ca. 2 kg

- 1 kg kleine Auberginen
- Salz
- 600 ml Weißweinessig
- 6–8 Knoblauchzehen, in dünnen Scheiben
- 4 EL frische Minzeblätter
- 1 EL gemischte Pfefferkörner
- 2 große grüne Chilischoten, entkernt und in feine Streifen geschnitten
- 450 ml fruchtiges Olivenöl

Zubereitungszeit: 15 Minuten
Zeit zum Einsalzen: 2–3 Stunden oder über Nacht

❶ Die Auberginen der Länge nach vierteln, dann in etwa 5 cm große Stücke zerteilen. Die Stücke in ein Sieb geben, mit reichlich Salz bestreuen und 2–3 Stunden stehen lassen. Unter kaltem Wasser abspülen und trockenschütteln.

❷ Den Essig in einer tiefen Pfanne zum Kochen bringen. Auberginen und Knoblauch darin 5 Minuten kochen. Ein- oder zweimal umrühren, sodass die Auberginenstücke stets mit Essig bedeckt bleiben. Den Essig abgießen und das Gemüse abkühlen lassen.

❸ Auberginen, Knoblauch und Minzeblätter in vorgewärmten Einmachgläsern schichten. Jede Schicht mit einer Mischung aus Pfefferkörnern und Chilistreifen würzen und mit einem Holzlöffel zusammendrücken.

❹ Die Hälfte des Öls darüber gießen, sodass die Auberginen so eben bedeckt sind. Die Gläser verschließen und über Nacht stehen lassen. Am nächsten Tag weiteres Öl dazugießen, sodass die Auberginen ganz bedeckt sind. Die Gläser gut verschließen und mindestens 1 Woche stehen lassen.

Mexikanische Auberginen-Tomaten-Sauce

Die meisten mexikanischen »Salsas« werden aus rohem Gemüse und Obst zubereitet. Anstelle der gelben Tomaten kann notfalls auch eine gelbe Paprikaschote verwendet werden.

Für 4 Personen

- 4 EL fruchtiges Olivenöl
- 1 große Aubergine, in kleinen Würfeln
- geriebene Schale und Saft von 1 unbehandelten Limette
- 1 rote Zwiebel, fein gehackt
- 4 rote Tomaten, entkernt, gehackt
- 2 gelbe Tomaten, entkernt, gehackt
- 1 grüne Chilischote, entkernt und fein gehackt
- 1 Avocado, geschält und in etwa 1 cm großen Stücken
- Salz und frisch gemahlener schwarzer Pfeffer
- 3 EL frischer Koriander, gehackt

Zubereitungszeit: 20 Minuten

❶ Das Öl in einer Pfanne erhitzen. Die Auberginenwürfel darin garen, bis sie weich und braun geworden sind, dann mit einem Schaumlöffel herausnehmen, in eine Schüssel geben und abkühlen lassen.

❷ Das Öl aufbewahren. Die Avocadostücke im Zitronensaft wenden und mit dem übrigen Gemüse und der Zitronenschale in die Schüssel geben. Das Ganze kräftig mit Salz und Pfeffer würzen, dann das Öl aus der Pfanne und den Koriander unterrühren. Vor dem Servieren 30 Minuten stehen lassen, damit sich die Aromen vermischen können.

Scharfe Auberginensauce

Die Gemüsestücke verleihen dieser Sauce, die ausgezeichnet zu Spießen oder Bratlingen schmeckt, den nötigen Biss.

Für 4–6 Personen

- 4 EL fruchtiges Olivenöl
- 1 große Zwiebel, fein gehackt
- 1 Aubergine, in kleinen Würfeln
- 2 Knoblauchzehen, fein gehackt
- 2 große grüne Paprikaschoten, entkernt und in kleinen Würfeln mit 6 mm Seitenlänge
- 1 rote Chilischote, in dünnen Ringen
- 1 EL Weißweinessig
- Salz und frisch gemahlener schwarzer Pfeffer
- Zucker (nach Belieben)

Zubereitungszeit: 20 Minuten

❶ Das Öl in einer Pfanne erhitzen. Zwiebel und Aubergine darin anbraten, bis sie weich werden und leicht angebräunt sind. Knoblauch und Paprika dazugeben und 2 Minuten mitbraten, bis die Paprikawürfel weich werden.

❷ Die Pfanne vom Herd nehmen und die Chiliringe einrühren (Chili schmeckt roh noch intensiver). Die Sauce in eine Servierschüssel füllen. Den Essig unterrühren, mit Salz und Pfeffer würzen und nach Belieben etwas Zucker hinzufügen. Die Sauce kann warm oder kalt serviert werden.

Parathas mit Auberginenfüllung

Diese Fladenbrote ergeben beinahe eine komplette Mahlzeit. Man kann sie als Beilage zu allen stark gewürzten Gerichten reichen oder einfach als Snack servieren.

ERGIBT 6 STÜCK

- 450 g Vollkornmehl und etwas Mehl zum Bestäuben
- ½ TL Salz, 300 ml Wasser
- Pflanzenöl oder zerlassenes Butterschmalz zum Braten
- 1–2 EL Butter
- Joghurt oder Saucen als Beilage

FÜLLUNG:

- 3 EL Pflanzen- oder Erdnussöl
- 1 Aubergine, in kleinen Würfeln
- ½ TL Chilipulver
- ½ TL Kurkuma
- 1 EL frischer Ingwer, fein gehackt
- 2 grüne Chilischoten, entkernt und fein gehackt
- 2 EL frischer Koriander, gehackt
- 1 TL Salz

Zubereitungszeit: 45 Minuten

❶ Zuerst die Füllung zubereiten. Dazu das Öl in einer Pfanne erhitzen. Die Auberginenwürfel mit Chilipulver und Kurkuma hineingeben und weich braten. Alle übrigen Zutaten für die Füllung zufügen und das Ganze gründlich verrühren. Vom Herd nehmen und abkühlen lassen.

❷ Aus Mehl, Salz und kaltem Wasser einen festen Teig herstellen und diesen kneten, bis er geschmeidig ist. Den Teig mit einer Schüssel zudecken und 10 Minuten gehen lassen.

❸ Den Teig in 6 gleiche Teile trennen. Jeweils einen Teigling weiterverarbeiten, die anderen zugedeckt lassen. Die Teigstücke zu Kreisen mit etwa 10 cm Durchmesser ausrollen und mit je einem Sechstel der Füllung belegen. Die Ränder über die Füllung falten und das Ganze in etwas zusätzlichem Mehl wenden, dann zu einem Kreis von etwa 17 cm ausrollen. Da die Füllung dabei den Teig durchdringen kann, darf man beim Ausrollen nicht zu stark auf die Teigränder pressen. Falls notwendig mit etwas zusätzlichem Mehl bestreuen, um die Füllung festzuhalten.

❹ Ein Pfannkuchenblech oder eine große Bratpfanne bei mäßiger Hitze erwärmen und die Parathas von beiden Seiten jeweils etwa 1 Minute erhitzen. Dann beide Seiten mit Öl oder Butterschmalz bestreichen und damit garen, bis sie hellbraun und knusprig sind. Die zubereiteten Parathas in ein Küchentuch wickeln und im Ofen warm halten, bis alle fertig sind, dann warm servieren und mit einem Stich Butter und einem Löffel Joghurt oder Sauce verfeinern.

Auberginensauce auf indische Art

Die meisten indischen Saucen enthalten viel Öl und sind sehr scharf. Kleine Mengen davon eignen sich hervorragend als Würze für Currys mit Meeresfrüchten.

Ergibt ca. 2 kg

- 500 g feste junge Auberginen, in 2 cm großen Stücken
- Salz
- 1 EL Kreuzkümmel
- 300 ml Erdnussöl
- 2 große Zwiebeln, gehackt
- 4 Knoblauchzehen, fein gehackt
- 1 Stück frischer Ingwer (5 cm), geschält und fein gehackt
- 1 TL Kurkuma
- 2 EL Demerarazucker (brauner Rohrzucker)
- 4 scharfe rote Chilischoten, in dünnen Ringen
- 2 grüne Chilischoten, in dünnen Ringen

Zubereitungszeit: 20 Minuten
Zeit zum Einsalzen: 1 Stunde

❶ Die Auberginenstücke in ein Sieb geben und mit Salz bestreuen. Mindestens 1 Stunde stehen lassen, dann unter kaltem Wasser abspülen und mit Küchenpapier trockentupfen.

❷ Eine Pfanne bei mäßiger Hitze heiß werden lassen. Die Kreuzkümmelsamen hineingeben und etwa 30 Sekunden rösten, bis sie zu duften beginnen und Farbe annehmen, dann auf einen Teller geben und abkühlen lassen.

❸ Das Öl in einer großen Pfanne erhitzen. Auberginen und Zwiebeln darin 3–4 Minuten anbraten, dann Knoblauch, Ingwer und Kurkuma hinzufügen und etwa 2 Minuten mitbraten. Das Ganze etwas abkühlen lassen, dann den Zucker und 1 TL Salz unterrühren.

❹ Auberginen und Zwiebeln in vorgewärmte Einmachgläser füllen, dabei jede Schicht mit Chiliringen bestreuen und mit dem Löffelrücken zusammenpressen, damit die Luft aus den Gläsern entweicht. So viel wie möglich von dem Öl in die Gläser gießen und alles gut verschließen.

❺ Die Sauce vor dem Servieren mindestens 2–3 Wochen – besser noch einen Monat – reifen lassen. Nach dem Öffnen im Kühlschrank aufbewahren und zügig aufbrauchen.

Orangensauce mit Auberginen

Zusätzliches Aroma und Biss gewinnt diese Sauce durch die Zugabe von gerösteten Senfkörnern.

Für 4 Personen

- 1 EL weiße Senfkörner
- 4 EL Olivenöl
- 1 Aubergine, in kleinen Würfeln
- 1 unbehandelte große Orange
- 2 Tomaten, entkernt und gehackt
- 4 Frühlingszwiebeln, fein gehackt
- ½ Gurke, in kleinen Würfeln
- 2 Ananasringe, in Stücken
- Salz und frisch gemahlener schwarzer Pfeffer
- 2 EL frische Petersilie, gehackt

Zubereitungszeit: 25 Minuten

❶ Eine große Pfanne bei mittlerer Hitze heiß werden lassen. Die Senfkörner hineingeben, etwa 30 Sekunden rösten, bis sie zu duften beginnen, und in eine Salatschüssel geben.

❷ Das Öl in der Pfanne erhitzen und die Auberginenwürfel darin braten, bis sie weich und braun geworden sind. Die Würfel mit einem Schaumlöffel herausnehmen, in die Salatschüssel geben und abkühlen lassen.

❸ Die Orange dünn schälen und die Schale in die Schüssel geben. Das Fruchtfleisch von den weißen Häuten befreien und in kleine Würfel zerteilen, dann mit Tomaten, Frühlingszwiebeln, Gurke und Ananas in die Schüssel geben. Das Ganze mit Salz und Pfeffer würzen und die Petersilie unterrühren. Die Sauce vor dem Servieren mindestens 30 Minuten stehen lassen.

Warme Auberginen-Zucchini-Sauce

Eigentlich handelt es sich bei diesem Gericht eher um einen warmen Salat als um eine Sauce, darum muss es sofort serviert werden.

Für 4 Personen

- 3 EL Pinienkerne
- 4 EL Olivenöl
- 1 große Aubergine, in Würfeln
- 2 Zucchini, in Würfeln
- 4 Tomaten, entkernt und in Würfeln
- 1 große gelbe Paprikaschote, entkernt und in kleinen Würfeln
- 2 Knoblauchzehen, fein gerieben
- 12 Basilikumblätter, fein gehackt
- ein paar Tropfen Balsamessig
- Salz und frisch gemahlener schwarzer Pfeffer

Zubereitungszeit: 20 Minuten

❶ Eine große Pfanne bei mittlerer Hitze heiß werden lassen. Die Pinienkerne hineingeben und unter Rühren etwa 1 Minute rösten, bis sie goldbraun sind, dann auf einen Teller geben und warm stellen.

❷ In der Pfanne 4 EL Öl erhitzen und die Auberginenwürfel darin 2 Minuten anbraten. Die Zucchini hinzufügen und beides so lange braten, bis das Gemüse gar ist, dabei eventuell Öl nachgießen.

❸ Die übrigen Zutaten einrühren und die Pinienkerne dazugeben. Die Sauce nach Belieben mit Salz und Pfeffer abschmecken und sofort servieren.

Walnussbrot mit Auberginenfüllung

Dieses Brot passt perfekt zu einem Salat aus Tomaten und Feta. Die besten Ergebnisse erzielt man beim Backen mit frischer Hefe.

ERGIBT 1 GROSSEN LAIB

- 15 g frische Hefe oder 1 EL Trockenhefe
- 350 ml lauwarmes Wasser
- 500 g kräftiges weißes Mehl
- 125 g Vollkornmehl
- 1 EL Salz
- 2 EL Walnussöl
- 40 g Walnüsse, grob gehackt

FÜLLUNG:

- 3–4 EL Walnussöl
- 1 große Aubergine, in dünnen Scheiben
- 1 Zwiebel, in dünnen Ringen
- 1 TL gemahlener Zimt
- 3 EL Rosinen ohne Kerne
- Salz und frisch gemahlener schwarzer Pfeffer

Zubereitungszeit:
3 Stunden 30 Minuten

❶ Frische Hefe über dem Wasser zerkrümeln und 3–4 Minuten stehen lassen, dann umrühren, bis sie sich aufgelöst hat; alternativ Trockenhefe mit dem Mehl vermischen. Mehl und Salz in einer großen Schüssel vermischen, dann das Wasser mit oder ohne Hefe dazugeben und das Ganze zu einem Teig verarbeiten. Den Teig auf eine bemehlte Oberfläche geben und 10 Minuten durchkneten, bis er geschmeidig ist, dann wieder in die Schüssel geben und zugedeckt an einem warmen Ort etwa 1 Stunde aufgehen lassen, bis er sein Volumen verdoppelt hat.

❷ In der Zwischenzeit die Füllung vorbereiten. Dazu das Öl in einer Pfanne erhitzen. Aubergine, Zwiebel und Zimt darin anbraten, bis der Zimt braun ist, dann die Rosinen unterrühren. Salz und Pfeffer hinzufügen und alles abkühlen lassen.

❸ Den Teig kräftig zusammendrücken und neu formen, dann wieder in die Schüssel geben und zugedeckt weitere 30 Minuten an einem warmen Ort aufgehen lassen.

❹ Ein Backblech mit etwas Mehl bestreuen. Den Teig nochmals zusammendrücken, dann die Walnüsse hineinkneten und den Teig in 3 Stücke zerteilen. Daraus 3 Teigkreise von etwa 20 cm Durchmesser ausrollen. Einen davon auf das Backblech legen und mit der Hälfte der Füllung bedecken. Den Vorgang wiederholen und mit dem dritten Teigkreis abschließen. Die Ränder des Teigs mithilfe von etwas Wasser versiegeln. Das Brot mit einem feuchten Tuch abdecken und an einem warmen Ort weitere 45 Minuten aufgehen lassen. Den Backofen auf 240 °C vorheizen.

❺ Das Blech in den Ofen schieben. Das Brot 30–35 Minuten backen und nach dem Herausnehmen auf einem Grillrost abkühlen lassen. Dazu einen Salat aus Tomaten und Feta servieren.

Auberginen-Muskat-Eiscreme

Dies ist eine der ungewöhnlichsten Eiscremesorten, die man sich vorstellen kann!

Für 4–6 Personen
- 1 kleine Aubergine, in Scheiben
- Feinzucker oder Zuckerraffinade zum Bestreuen

Vanillesirup:
- 225 g Zuckerraffinade
- 1 Vanilleschote
- 250 ml Wasser
- Samen von 4 grünen Kardamomschoten, leicht zerdrückt

Eiscreme:
- 300 ml Milch
- 1 Vanilleschote
- 4 Eigelb
- 75 g Feinzucker
- frisch geriebener Muskat (nach Belieben; empfohlen wird ½ Nuss)
- 300 ml Schlagsahne

Zubereitungszeit (inkl. Einweichzeiten): 10–12 Stunden für die Aubergine, 2–3 Stunden für die Eiscreme
Gefrierzeit: 25 Minuten in der Eiscrememaschine, 4–5 Stunden im Gefrierschrank

❶ Die Auberginenscheiben nebeneinander auf ein Backblech legen und mit reichlich Zucker bestreuen. Etwa 1 Stunde stehen lassen, sodass die bitteren Säfte herausgesogen werden.

❷ Den Vanillesirup zubereiten. Dazu alle Zutaten in einem kleinen Topf unter ständigem Rühren aufkochen lassen, bis sich der Zucker aufgelöst hat, dann 10–15 Minuten köcheln lassen, bis ein dickflüssiger Sirup entstanden ist. Die Auberginenscheiben gründlich abspülen, mit Küchenpapier trockentupfen und in den heißen Sirup geben. Den Topf vom Herd nehmen und zugedeckt 1–2 Stunden stehen lassen.

❸ Die Auberginenscheiben in Sirup aufkochen und etwa 5 Minuten köcheln lassen. Im zugedeckten Topf abkühlen und mindestens 8 Stunden – besser noch über Nacht – stehen lassen.

❹ Die Milch mit der zweiten Vanilleschote fast bis zum Siedepunkt erhitzen, dann vom Herd nehmen und zugedeckt mindestens 20 Minuten stehen lassen. Die Vanilleschote herausnehmen und gründlich abspülen (sie kann nochmals verwendet werden, z. B. um Zucker zu aromatisieren). In einer Schüssel die Eigelbe mit dem Zucker zu einer dickflüssigen, hellen Masse verquirlen. Die Milch nochmals fast zum Kochen bringen und unter ständigem Rühren zu der Eimasse gießen. Nach Belieben Muskat unterrühren. Den Milchtopf mit kaltem Wasser ausspülen und die Eiermilch darin langsam erhitzen, bis die Mischung zu einer dickflüssigen Sauce geworden ist. Die Sauce in eine saubere Schüssel füllen und vollständig abkühlen lassen. Vor der Weiterverarbeitung zur Eiscreme mindestens 1 Stunde kalt stellen.

❺ Die Sahne unter die Sauce heben und das Ganze in eine Eiscrememaschine geben. Alternativ die Masse in einem geeigneten Plastikbehälter 4–5 Stunden einfrieren, dabei ein- oder zweimal umrühren. (Wenn keine Eiscrememaschine benutzt wird, muss die Sahne vor der Zugabe geschlagen werden.)

❻ Die Auberginenscheiben abgießen, sodass möglichst kein Sirup mehr daran haften bleibt, und sehr fein hacken. Die Auberginenstücke kurz vor der Fertigstellung unter die Eiscreme rühren.

❼ Eiscreme aus der Maschine muss in der Regel etwa 20 Minuten im Gefrierfach fest werden, bevor sie serviert werden kann. Eingefrorene Eiscreme sollte vor dem Auftragen etwa 20 Minuten bei Raumtemperatur auftauen können.

Register

A

Anbau und Aufzucht von Auberginen 12
Auberginen auf griechische Art 30
Auberginen auf italienische Art, gegrillte 42
Auberginen-Bulgur-Pilau 95
Auberginendip mit Minze 26
Auberginendip 34
Auberginen-Fenchel-Sauce 116
Auberginengemüse mit Knoblauch und Tomaten 100
Auberginen-Guacamole 26
Auberginengulasch 76
Auberginen-Kabeljau-Auflauf 53
Auberginen-Käse-Creme 16
Auberginenkaviar 36
Auberginen-Krabben-Bällchen 32
Auberginen-Lammfleisch-Spieße 71
Auberginen-Linsen-Salat 32
Auberginen-Mandel-Frikadellen 97
Auberginen-Minze-Salat mit Joghurt 22
Auberginen mit Hackfleisch und Ei, gefüllte 76
Auberginen mit Ingwer 31
Auberginen mit Lamm und Couscous, gefüllte 72
Auberginen mit Minze, eingelegte 118
Auberginen mit Pfefferbutter, gegrillte 42
Auberginen mit Pilzen und Ei, gefüllte 104
Auberginen mit Schweinefleisch und Pilzen 81
Auberginen mit Tomaten und Mozzarella 36
Auberginen mit Ziegenkäse, gegrillte 44
Auberginen-Muskat-Eiscreme 126
Auberginen-Nuss-Würstchen 108
Auberginen-Orangen-Creme 20
Auberginenragout 85
Auberginenröllchen mit Walnüssen und Käse 98
Auberginensalat mit Fenchel und Walnüssen 18
Auberginensalat mit Preiselbeeren 30
Auberginensalat, würziger 38
Auberginen-Sandwiches 37
Auberginensauce auf indische Art 122
Auberginensauce, scharfe 119
Auberginenscheiben mit Krebsfleischkruste 47
Auberginenscheiben, knusprige 34
Auberginensorten 10
Auberginen-Süßkartoffel-Curry 105
Auberginen-Toasts 20
Auberginen-Tomaten-Galette 110
Auberginen-Tomaten-Gratin 108
Auberginen-Tomaten-Sauce, mexikanische 119
Auberginen-Truthahn-Burger 77
Auberginen- und Hähnchenbruststreifen, frittierte 89
Auberginen und Paprika auf Sezuan-Art 94
Auberginen-Zucchini-Sauce, warme 123

B

Brathähnchen mit Auberginenfüllung 88
Bulgurweizensalat 24

C

Caponata 40
Chilieintopf mit Auberginen und Kidneybohnen 96
Chop Suey mit Schweinefleisch und Auberginen 80

F

Fisch-Mandel-Frikadellen mit Thai-Salat 62
Fisch mit Auberginen-Couscous, frittierter 60
Fleischklößchen mit Auberginen-Tomaten-Sauce 75
Forellen mit Auberginen-Preiselbeer-Sauce 55
Forellen mit Pinienkernen, gefüllte 54
Frühlingsrollen 38

G

Geflügelrisotto mit Auberginensauce 90
Gemüsebraten 103
Geschichte der Aubergine 10
Gumbo mit gemischtem Gemüse 99

H

Hähnchenkasserolle mit Auberginen und Backpflaumen 86
Hühnerfleischmoussaka 87
Hummus mit Auberginen 16

I

Imam Bayaldi 100

K

Kauf und Lagerung von Auberginen 12
Kichererbsen-Auberginen-Eintopf 114

L

Lachs-Auberginen-Kedgeree 65
Lammcurry mit Auberginen 70
Linsenmoussaka 106
Lotte mit Auberginen in Weinsauce, gegrillte 52

M

Mango-Chutney mit Auberginen 117
Meeräsche mit Aubergine und Liebstöckel-Pesto 46
Meeresfrüchteauflauf mit Auberginenkruste 68
Meeresfrüchteeintopf, mediterraner 64
Muscheln, gefüllte 59

O

Orangensauce mit Auberginen 123

P

Parathas mit Auberginenfüllung 120
Pesto mit Auberginen 17

R

Ratatouille Niçoise 28
Rinderschmorbraten mit Datteln und Auberginen 84
Rindfleisch-Auberginen-Biryani 82
Rindfleischsuppe mit Auberginen 74
Risotto mit Auberginen und Thunfisch 48
Rochen mit Auberginen und Butter 66

S

Salzen von Auberginen 11
Schinkenpastetchen mit Auberginen 78
Schwertfisch mit Auberginenstreifen, marinierter 58
Sorten 10
Spaghetti mit Auberginen und Zucchini 102

T

Teigtaschen mit Krabben und Auberginen 47
Thai-Salat 23
Thunfisch-Auberginen-Spieße 49
Tintenfischringe mit Auberginen, geschmorte 56
Tortillas mit Auberginen-Chili-Füllung 112

V

Vanillenudeln mit Auberginen und Ingwerkrebs 50

W

Walnussbrot mit Auberginenfüllung 124
Wildreisauflauf mit Auberginen 111
Wurstauflauf mit Auberginen 92

DANKSAGUNG

Der Verlag dankt den West Dean Gardens in Chichester für die Erlaubnis, die auf den Seiten 6–14 abgebildeten Fotos machen zu dürfen.